丛书系国家社科基金重大招标项目《中国共产党百年奋斗中坚持敢于斗争经验研究》（项目编号：22ZDA015）阶段性成果。

奋力建设现代化新广东研究丛书

中山大学中共党史党建研究院　编　张　浩　丛书主编

广东城乡区域协调发展研究
——以"百千万工程"为例

龙柏林　等　编著

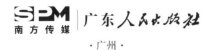广东人民出版社

·广州·

图书在版编目（CIP）数据

广东城乡区域协调发展研究：以"百千万工程"为例 / 龙柏林等编著. -- 广州：广东人民出版社，2024.8.（奋力建设现代化新广东研究丛书）. -- ISBN 978-7-218-17815-8

Ⅰ. F299.276.5

中国国家版本馆CIP数据核字第20249R0281号

GUANGDONG CHENGXIANG QUYU XIETIAO FAZHAN YANJIU

——YI "BAIQIANWAN GONGCHENG" WEI LI

广东城乡区域协调发展研究——以"百千万工程"为例

龙柏林 等 编著

版权所有 翻印必究

出 版 人：肖风华

出版统筹：卢雪华
策划编辑：曾玉寒
责任编辑：李宜励
责任校对：裴晓倩
装帧设计：广大迅风艺术 刘瑞锋
责任技编：吴彦斌

出版发行：广东人民出版社
地　　址：广州市越秀区大沙头四马路10号（邮政编码：510199）
电　　话：（020）85716809（总编室）
传　　真：（020）83289585
网　　址：http://www.gdpph.com
印　　刷：广州市豪威彩色印务有限公司
开　　本：787mm×1092mm　1/16
印　　张：12.25　　字　　数：220千
版　　次：2024年8月第1版
印　　次：2024年8月第1次印刷
定　　价：55.00元

奋力建设现代化新广东研究丛书
编委会

主　编：张　浩

编　委：王仕民　詹小美　刘　燕　袁洪亮

　　　　龙柏林　胡　莹　罗嗣亮　石德金

　　　　万欣荣　廖茂忠　史欣向

　　古代广东处于中国大陆的最南端，南有茫茫大海、北有五岭的重重阻隔，且远离中国的政治经济文化中心。然而，近代以来，广东却屡开风气之先。广东是反抗外国侵略的前哨，同时又是外国新事物传入中国的门户，地处东西文明交流的前沿，一直扮演着现代化先行者的角色。许多重大历史事件和著名历史人物不约而同和广东联系在一起，使广东在整个近代中国居于一种特殊的地位。中国近代史的第一页就是在广东揭开的。两次鸦片战争都在广东发生，西方国家用大炮打开中国大门，首先打的是广东。而中国人民反抗外国侵略的斗争，也首先是从广东开始的。众所周知，1840年英国侵略者以林则徐在广东虎门销烟为由，发动侵略中国的鸦片战争，这是中国近代史开端的标志。作为近代中国人民第一次反侵略斗争的三元里抗英斗争即发生在广东，因此广东成为中国反对外来侵略的前沿阵地。广东也产生了一大批在中国乃至世界上都有影响力的思想家、革命家。他们站在时代的前列，探索救国救民的真理，投身于救国救民的运动，推动和影响了近代中国发展的历史进程。毛泽东在《论人民民主专政》一文中谈到近代先进的中国人向西方寻求救国真理，他举出四个代表人物，即洪秀全、严复、康有为和孙中山，这四个人中有三个是广东人。从洪秀全领导的太平天国起义，到康有为等人领导的维新运动，这些广东仁人志士对救国良方的寻觅，都推动了中国早期的现代化进程。特别是孙中山先生在《建国方略》中曾对中国现代化景象作出过天才般的畅想。然而，遗憾的是，由于没有先进力量的领导、没有科学理论的指导，民族独立无法实现,现代化也终究是水月镜花。

1921年7月,中国共产党的诞生,是开天辟地的大事变,标志着中国的革命事业有了主心骨、领路人。广东是大革命的策源地、中国共产党领导革命斗争的重要发源地之一、中国共产党探索革命道路的核心区域之一和全国敌后抗日三大战场之一。革命战争年代,广东英雄人物辈出,其中陈延年、张太雷、邓中夏、蔡和森、张文彬等人为中国革命献出了宝贵生命;彭湃烧毁自家田契,领导了海陆丰农民运动,为人民利益奋斗终身;杨殷卖掉自己广州、香港的几处房产,为革命事业筹集经费,最后用生命捍卫信仰……这些铮铮铁骨的共产党人用生命为民族纾困,为国家分忧。总之,广东党组织在南粤大地高举革命旗帜28年而不倒,坚持武装斗争23年而不断,为中国新民主主义革命的胜利作出了巨大的贡献,从而为现代化事业发展准备了根本条件。

新中国成立后,广东砥砺前行,开始了探索建设社会主义现代化的伟大实践。在"四个现代化"宏伟目标的指引下,中共广东省委带领广东人民以"敢教日月换新天"的勇气和斗志,发展地方工业,完成社会主义改造,建立起社会主义基本制度,拉开大规模社会主义建设的序幕。此后,广东又在国家投资支援极少的情况下,自力更生建立了比较完整的工业体系和国民经济体系。这一时期,全省兴建了茂名石油工业公司、广州化工厂、湛江化工厂、广州钢铁厂以及流溪河水电站、新丰江水电站等骨干企业,改组、合并和新建了200多家机械工业企业,工农业生产能力明显增强。这一时期,广东社会主义现代化建设事业经过长期而艰苦的实践探索,在农业、工业、科学技术等方面取得了一系列突出成就,为推进社会主义现代化奠定了坚实的物质基础。

党的十一届三中全会以来,广东充分利用中央赋予的特殊政策和灵活措施，在改革开放中先行一步，走出了一条富有广东特色的现代化发展路径。广东大胆地闯、大胆地试，以"敢为天下先"的历史担当和"杀出一条血路"的革命精神，带领全省人民解放思想，在改革开放探索中先行一步。"改革开放第一炮"作为"冲破思想禁锢的第一声春雷"响彻深圳蛇口上空，"时间就是金钱，效率就是生命"的口号传遍祖国大地。在推进经济特区建设、经济体制改革，发展外向型经济，率先建立社会主义市场经济体制的过程中，广东以改革精神破冰开局，实现了第一家外资企业、第一个出口加工区、第一张股票、第一批农民工、第一家涉外酒店、第一个商品房小区等多个"第一"；探索出"前店后厂""三来一补""外向带动""腾笼换鸟、造林引凤""粤港澳合作"等诸多创新之路。相关数据显示，至2012年，城乡居民人均可支配收入分别为30226.71元和10542.84元；城镇化水平达67.4%，人均预期寿命提高到76.49岁，高等教育毛入学率超过32%。作为改革开放的先行地，广东还贡献了现代化的创新理念、思路和实践经验。"珠江模式""深圳速度""东莞经验"等在全国产生了巨大影响，为探索中国特色社会主义现代化道路贡献了实践模板。总之，改革开放风云激荡，南粤大地生机勃勃，广东人民生活已经实现从温饱到总体达到小康再到逐步富裕的历史性跨越，为基本实现现代化打下了良好的基础。

党的十八大以来，中国特色社会主义进入新时代。习近平总书记对广东全面深化改革、全面扩大开放、深入推进现代化事业高度重视，先后在改革开放40周年、经济特区建立40周年、改革开放45周年等重要节点到广东视察，寄望广东"继续在改革开放中发挥窗口作用、试验作用、排头兵作用"，勉励广东"继续全面深化改革、全面扩大开放，努力创造出令世界刮目相看的新的更大奇迹"，要求广东"以更大魄力、在更高起点上推进改革开放",嘱托广东在新征程上要"在全面深化改革、扩大高水平对外开放、提升科技自立自强能力、建设现代化产业体系、促进城乡区域协调发展等方面继续走在全国前列,在推进中国式现代化建设中走在前列",这为广东推动改革开放和社会主义现代化向更深层次挺进、更广阔领域迈进指明了方向。在以习近平同志为核心的党中央的亲切关怀和坚强领导下,广东高举习近平新时代中国特色社会主义思想伟大旗帜,坚持改革不停顿、开放不止步,进一步解放思想、改革创新,进一步真抓实干、奋发进取,不断开创广东现代化建设新局面。广东立定时代潮头,坚持改革开放再出发,勇当中国式现代化的领跑者。广东以习近平总书记对广东的重要讲话和重要指示批示精神统揽工作全局,加强对中央顶层设计的创造性落实,不断围绕服务国家重大战略贡献长板、担好角色,以全面深化改革为鲜明导向,纵深推进粤港澳大湾区、深圳先行示范区建设,推动横琴、前海、南沙三大平台稳健起步,实现了经济平稳较好发展和社会和谐稳定,确保经济、政治、文化、社会、生态文明建设"五位一体"统筹推进,在经济高质量发展、文化强省建设、法治广东建设、生态文明建设以及民生事业发展等方面取得具有历史意义的新成就。2023年广东GDP达到13.57万亿元,经济总量连续35年全国第一,区域创新综合能力连续7年全国第一,规上工业企业超7.1万家,高新技术企业超过7.5万家,19家广东企业进入世界500强,超万亿元、超千亿元级产业集群分别达到8个和10个,"深圳—香港—广州"科技集群位居全球前列,建成国际一流的机场、港口、公路及营商环境,新质生产力发展势头良好,这为广东在推进中国式现代化建设中走在前列奠定了坚实的物质基础。

中国式现代化前途光明,任重道远。广东是东部发达省份、经济大省,以占全国不到2%的面积创造了10.7%的经济总量,在中国式现代化建设的大局中地位重要、作用突出，完全能够在现代化建设、高质量发展上继续走在全国前列。

促发展争在朝夕，抓落实重在实干。为了更好落实"在推进中国式现代化建设中走在前列"这一习近平总书记对广东的深切勉励、殷切期望和战略指引，2023年6月20日，中共广东省委十三届三次全会作出"锚定一个目标，激活三大动力，奋力实现十大新突破"的"1310"具体部署。这是紧跟习近平总书记、奋进新征程的坚定态度和郑重宣示，是把握大局、顺应规律、立足实际的科学布局，是推进中国式现代化的广东实践的施工图、任务书。时间不等人、机遇不等人、发展不等人。唯有大力弘扬"闯"的精神、"创"的劲头、"干"的作风，一锤一锤接着敲、一件一件钉实钉牢，才能把蓝图变为现实，推动广东在推进中国式现代化建设中走在前列。

岭南春来早，奋进正当时。2024年2月18日是农历新春第一个工作日，继去年"新春第一会"之后，广东再度召开全省高质量发展大会，这次大会强调"接过历史的接力棒，建设一个现代化的新广东，习近平总书记、党中央寄予厚望，父老乡亲充满期待，我们这代人要有再创奇迹、再写辉煌的志气和担当，才能不辜负先辈，对得起后人"，吹响了奋力建设一个靠创新进、靠创新强、靠创新胜的现代化新广东的冲锋号角，释放出"追风赶月莫停留、凝心聚力加油干"的鲜明信号。向天空探索、向深海挺进、向微观进军、向虚拟空间拓展，广东以"新"提"质"，以科技改造现有生产力，积极催生新质生产力，不断增强高质量发展的"硬实力"。观大局、抓机遇、行大道，广东作为经济大省、制造业大省，不断筑牢实体经济为本、制造业当家的根基，持续推动高质量发展，必将创造新的伟大奇迹。

2024年7月15日至18日，中国共产党第二十届中央委员会第三次全体会议在北京举行。党的二十届三中全会是在新时代新征程上，中国共产党坚定不移高举改革开放旗帜，紧紧围绕推进中国式现代化进一步全面深化改革而召开的一次十分重要的会议。全会审议通过的《中共中央关于进一步全面深化改革、推进中国式现代化的决定》，深入分析推进中国式现代化面临的新情况新问题，对进一步全面深化改革作出系统谋划和部署，既是党的十八届三中全会以来全面深化改革的实践续篇，也是新征程推进中国式现代化的时代新篇，擘画了进一步全面深化改革的蓝图，发出了向改革广度和深度进军的号令。广东全省上下要闻令而动，积极响应党中央的号召，全面贯彻落实党的二十届三中全会各项部署，以走在前列的担当进一步全面深化改革，扎实推进中国式现代化的广东实践。要围绕强化规则衔接、机制对接，把粤港澳大湾区建设作为全面深化改革的大机遇、大文章抓紧做实，携手港澳加快推进各领域联通、贯通、融通，持续完善高水平对外开放体制机制，依托深圳综合改革试点和横琴、前海、南沙、河套等重大平台开展先行先试、强化改革探索，努力创造更多新鲜经验，牵引带动全省改革开放向纵深推进。要围绕构建新发展格局、推动高质量发展，进一步深化经济体制改革，着眼处理好政府和市场的关系，加快构建高水平社会主义市场经济体制；着眼发展新质生产力，健全推动经济高质量发展体制机制；着眼补齐最突出短板，健全促进城乡区域协调发展的体制机制，更好激发广东发展的内生动力和创新活力。要围绕推进高水平科技自立自强，加快构建支持全面创新体制机制，深化教育综合改革、科技体制改革、人才发展体制机制改革，打通创新链、产业链、资金链、人才链，着力提升创新体系整体效能。要围绕提升改革的系统性、整体性、协同性，统筹推进民主、法治、文化、民生、生态等各领域改革，确保改革更加凝神聚力、协同高效。要围绕构建新安全格局，扎实推进国家安全体系和能力现代化，全面贯彻总体国家安全观，加强国家安全体系建设，完善公共安全治理机制，持续加强和创新社会治理，切实保障社会大局平安稳定。要围绕提高对进一步全面深化改革、推进中国式现代化的领导水平，切实加强党的全面领导和党的建设，始终坚持党中央对全面深化改革的集中统一领导，深化党的建设制度改革，健全完善改革推进落实机制，充分调动广大党员干部抓改革、促发展的积极性、主动性、创造性，以钉钉子精神把各项改革任务落到实处。

站在新的历史起点上，回望我们党领导人民夺取革命、建设、改革伟大胜利的光辉历程和广东取得的举世瞩目的发展成就，眺望强国建设、民族复兴的光明前景和广东现代化建设的美好未来，我们更加深刻感到，改革开放必须坚定不移，广东靠改革开放走到今天，还要靠改革开放赢得未来；更加深刻感到，改革开放需要群策群力，进一步全面深化改革，每个人都不是局外人旁观者，都是参与者贡献者；更加深刻感到，改革开放务求真抓实干，中国式现代化是干出来的，伟大事业都成于实干。岭南处处是春天，一年四季好干活。全省上下要从此刻开始，从现在出发，拿出早出工、多下田、干累活的工作热情，主动投身到进一步全面深化改革的宏伟事业中来，以走在前列的闯劲干劲拼劲，推动改革开放事业不断取得新进展新突破，推动高质量发展道路越走越宽，让创新创造社会财富的活力竞相迸发、源泉充分涌流，奋力建设好现代化新广东，切实推动广东在推进中国式现代化建设中走在前列，为强国建设、民族复兴作出新的更大贡献！

在中华人民共和国成立75周年、中山大学建校100周年之际，中山大学中共党史党建研究院组织专家撰写的《奋力建设现代化新广东研究丛书》的出版，具有重要的政治意义和纪念意义。同时，这套丛书也是国家社科基金重大招标项目《中国共产党百年奋斗中坚持敢于斗争经验研究》（项目号：22ZDA015）的阶段性成果，丛书的出版也有一定的学术意义。

希望这套丛书在深化对党的二十大精神和习近平总书记视察广东重要讲话、重要指示精神如何在岭南大地落地生根、结出丰硕成果的研究阐释方面立新功，在深化对广东推进中国式现代化的创新举措和发展经验研究方面谋新篇，在推动中山大学围绕中央和地方经济社会发展需要开展对策研究和前瞻性战略研究方面探新路。

是为序。

中山大学中共党史党建研究院

2024年8月

目录
CONTENTS

1 第一章
广东"百千万工程"的基本概况

2 第二章
改革开放以来广东城乡发展的历程

3 第三章
塑造县城内生动力，推动县域高质量发展

4 第四章
发挥乡镇节点功能，激发提升"镇"能量

5 第五章

发展壮大集体经济，建设宜居宜业和美乡村

6 第六章
统筹城乡融合发展，推进县镇村一体化进程

7

第七章

强化保障措施，推动"百千万工程"落地生根

广东"百千万工程"的基本概况

CHAPTER1

一 广东"百千万工程"的历史方位

（一）中国进入扎实推进共同富裕的新阶段

1. 党中央为实现共同富裕勾画了时间表、路线图

改革开放以来，中国共产党团结带领全国各族人民不懈奋斗，推动我国经济实力、科技实力、国防实力、综合国力进入世界前列。我国国际地位实现了前所未有的提升，中华民族的面貌发生了前所未有的改变。进入新时代以来，党中央深刻把握新发展阶段的新变化，把逐步实现全体人民共同富裕摆在更加重要的位置上，采取了有力措施保障和改善民生。2021年7月1日，习近平总书记在庆祝中国共产党成立100周年大会上庄严宣告："经过全党全国各族人民持续奋斗，我们实现了第一个百年奋斗目标，在中华大地上全面建成了小康社会，历史性地解决了绝对贫困问题，正在意气风发向着全面建成社会主义现代化强国的第二个百年奋斗目标迈进。"①这标志着我们党在团结带领人民创造美好生活、实现共同富裕的道路上迈出了坚实的一大步。然而，脱贫摘帽不是终点，而是新生活、新奋斗的起点。如今，我们已进入全面建设社会主义现代化国家、向第二个百年奋斗目标进军的新发展阶段。随着我国持续推动经济高质量发展，人民的生活需求也发生了全面而深刻的变化。党的十九大报告提出，"中国特色社会主义进入新时代，我国社会主要矛盾已经转化为人民日益增长的美好生活需要和不平衡不充分的发展之间的矛盾"。②解决发展不平衡不

---

① 习近平：《在庆祝中国共产党成立100周年大会上的讲话》，人民出版社2021年版，第2页。

② 《决胜全面建成小康社会 夺取新时代中国特色社会主义伟大胜利——在中国共产党第十九次全国代表大会上的报告》，《人民日报》2017年10月28日。

充分问题、缩小城乡区域发展差距、实现人的全面发展和全体人民共同富裕成为我们党下一步需要加快解决的重大治理命题。

2020年10月，党的十九届五中全会审议通过了《中共中央关于制定国民经济和社会发展第十四个五年规划和二〇三五年远景目标的建议》，首次提出将全体人民共同富裕取得更为明显的实质性进展作为远景目标，为促进全体人民共同富裕提出目标要求和战略部署。①习近平总书记在庆祝中国共产党成立100周年大会上的重要讲话中进一步强调，"着力解决发展不平衡不充分问题和人民群众急难愁盼问题，推动人的全面发展、全体人民共同富裕取得更为明显的实质性进展"。②党的二十大确立了全面建设社会主义现代化国家的宏伟蓝图，并围绕共同富裕这一战略目标进行了规划设计和安排部署，明确中国式现代化本质要求中一个重要方面是"实现全体人民共同富裕"，并提出到2035年我国发展总体目标的重要内容是"人的全面发展、全体人民共同富裕取得更为明显的实质性进展。"③

党中央一系列重大战略部署完整勾画了促进全体人民共同富裕的时间表和路线图，为扎实推动共同富裕指明了方向、提供了遵循。共同富裕作为社会主义的根本原则、中国式现代化的本质要求被正式提上日程。正如习近平总书记在《求是》杂志发表的《扎实推动共同富裕》这篇重要文章中所指出的："现在，已经到了扎实推动共同富裕的历史阶段。"④事实上，共同富裕一直是我们党矢志不渝的奋斗目标。我们党自成立以来就一

---

① 《中共中央关于制定国民经济和社会发展第十四个五年规划和二〇三五年远景目标的建议》，中华人民共和国中央人民政府2020年11月3日。

② 习近平：《在庆祝中国共产党成立100周年大会上的讲话》，人民出版社2021年版，第12页。

③ 《高举中国特色社会主义伟大旗帜 为全面建设社会主义现代化国家而团结奋斗——在中国共产党第二十次全国代表大会上的报告》，《人民日报》2022年10月26日。

④ 习近平：《扎实推动共同富裕》，《求是》2021年第20期。

直将共同富裕作为中国特色社会主义的根本原则和我们党的重要使命。新中国成立后，毛泽东同志提出我国发展富强的目标，强调"这个富，是共同的富，这个强，是共同的强，大家都有份"。进入改革开放和社会主义现代化建设新时期，邓小平同志多次强调共同富裕，指出"社会主义不是少数人富起来、大多数人穷，不是那个样子。社会主义最大的优越性就是共同富裕，这是体现社会主义本质的一个东西"。江泽民同志强调："实现共同富裕是社会主义的根本原则和本质特征，绝不能动摇。"胡锦涛同志强调："使全体人民共享改革发展的成果，使全体人民朝着共同富裕的方向稳步前进。"[1]

共同富裕不仅植根于我们的政党使命，更是中国式现代化的重要特征。富裕是各国现代化追求的目标，但和西方现代化不同，中国式现代化追求的是全体人民共同富裕，不是少数人的富裕。[2]走中国式现代化道路，就必须要解决好发展不平衡不充分、城乡区域发展和收入分配差距较大等问题，正确处理效率和公平的关系，构建初次分配、再分配、三次分配协调配套的基础性制度安排，既不断做大"蛋糕"，又分好"蛋糕"，促进社会公平正义，最终实现全体人民共同富裕。

从这个角度看，我们党对共同富裕目标的追求既体现了历史发展的延续性，又顺应了新发展阶段的新要求和新方向，符合全体人民的共同利益和根本利益，反映了社会主义的本质特征，彰显了党的初心使命，是向着全面建成社会主义现代化强国的第二个百年奋斗目标迈进的必然要求。

2. 在高质量发展中促进共同富裕

党的十八大以来，习近平总书记对什么是共同富裕以及如何实现共

---

① 参见《在高质量发展中促进共同富裕》，《人民日报》2023年8月4日。

② 《切实把握为人民谋幸福的着力点 促进全体人民共同富裕》，《人民日报》2022年3月14日。

同富裕等重大问题作出了清晰阐释，并全面阐明了促进共同富裕的现实意义、主要问题、目标任务。习近平总书记指出："我们说的共同富裕是全体人民共同富裕，是人民群众物质生活和精神生活都富裕，不是少数人的富裕，也不是整齐划一的平均主义""不是所有人都同时富裕，也不是所有地区同时达到一个富裕水准，不同人群不仅实现富裕的程度有高有低，时间上也会有先有后，不同地区富裕程度还会存在一定差异，不可能齐头并进。这是一个在动态中向前发展的过程，要持续推动，不断取得成效。"①

关于如何实现共同富裕，习近平总书记指出："要坚持以人民为中心的发展思想，在高质量发展中促进共同富裕"②，为我们明确了实现共同富裕的实践途径及根本之策。新发展阶段要扎实推动共同富裕，实现全体人民共同富裕的目标，就必须立足世界百年未有之大变局与国内社会主要矛盾转化的新形势，更好地解决新时代我国经济社会发展的不平衡和不充分问题，健全基本公共服务体系，提高公共服务水平，增强均衡性和可及性，切实通过高质量发展推动全体人民共同富裕取得更为明显的实质性进展。

一方面，发展是扎实推动共同富裕的前提和基础。习近平总书记强调："发展才是社会主义，发展必须致力于共同富裕""我们推动经济社会发展，归根结底是要实现全体人民共同富裕"。在新发展阶段，发展仍是解决中国一切问题的基础和关键。发展的质量决定了共同富裕的成色。随着中国特色社会主义进入新时代，我国社会的主要矛盾已发生转变，从人民日益增长的物质文化需要同落后的社会生产之间的矛盾转化为人民日益增长的美好生活需要和不平衡不充分的发展之间的矛盾。尽管如此，这

① 习近平：《扎实推进共同富裕》，《求是》2021年第20期。
② 《在高质量发展中促进共同富裕 统筹做好重大金融风险防范化解工作》，新华网2021年8月17日。

一转变并未能够改变我国社会主义所处的历史阶段。党的十九大报告强调："我国仍处于并将长期处于社会主义初级阶段的基本国情没有变，我国是世界最大发展中国家的国际地位没有变。"这一基本国情决定了我们的发展还须继续把"蛋糕"做大，如此才能进一步夯实全体人民共同富裕的物质基础。

另一方面，发展不平衡不充分问题是当前制约共同富裕实现的主要因素。要实现共同富裕，只靠高速增长把"蛋糕"做大已行不通。共同富裕中"富裕"是一个关键，"共同"是另一个关键。"共同"所强调的是公平，即在做大"蛋糕"的基础上进一步通过合理的制度安排把"蛋糕"分好，让发展成果更多更公平地惠及全体人民。这就要求在量的持续增长中把发展质量做优，推动区域、城乡协调发展以及经济整体发展水平的提升，在高质量发展中实现全体人民共同富裕。

3. 区域协调发展是实现共同富裕的必然要求

进入新发展阶段以来，我国发展不平衡不充分问题仍然突出，城乡、东中西区域、南北方省份的发展水平存在明显差距，城乡区域发展和收入分配差距较大。这构成实现共同富裕的最大难点，乡村和欠发达地区也因此成为实现共同富裕的关键环节。如何处理好城乡区域贫富差距问题一直被认为是实现共同富裕目标的首要内涵。习近平总书记强调："我们追求的发展是造福人民的发展，我们追求的富裕是全体人民共同富裕。"[1]"全体人民共同富裕是一个总体概念，是对全社会而言的，不要分成城市一块、农村一块，或者东部、中部、西部地区各一块，各提各的指标，要从全局上来看。"[2]"我们决不能允许贫富差距越来越大、

---

[1] 中共中央文献研究室：《习近平关于社会主义社会建设论述摘编》，中央文献出版社2017年版，第35页。
[2] 《习近平谈治国理政》第4卷，外文出版社2022年版，第146页。

穷者愈穷富者愈富，决不能在富的人和穷的人之间出现一道不可逾越的鸿沟。"①

城乡区域之间的差距不缩小，共同富裕的基础就不牢靠。要想实现全体人民共同富裕，就必须着力解决区域发展不平衡不充分的问题。习近平总书记在广东考察时指出："全体人民共同富裕是中国式现代化的本质特征，区域协调发展是实现共同富裕的必然要求。"②城乡区域协调发展对于促进人的全面发展、在推进高质量发展中推动共同富裕取得更为明显的实质性进展具有重要意义，是实现高质量发展的必由之路，是实现中国式现代化的关键支撑。因此，促进区域协调发展是扎实推进共同富裕的应有之义。

首先，随着国家治理尺度的不断重构，区域已从事实上成为经济发展和物质分配的重要场域与关键尺度，但是由于历史条件、自然资源和区位差异等的影响，不同地区之间居民收入往往存在较大差距，从而导致区域发展差距不断拉大。促进区域协调发展就是要采取措施缩小区域之间的发展差距，通过用好各地资源禀赋，彰显不同区域优势，促进各地区人民收入水平和生活质量不断提高，使全体人民共同享受改革发展成果，为推进全体人民共同富裕奠定基础。

其次，区域协调发展蕴含着高质量发展的巨大潜能，是新发展阶段推动共同富裕的关键。随着区域性整体贫困得到解决和小康社会的全面建成，我国在团结带领人民创造美好生活、实现共同富裕的道路上已迈出坚实的一步。继续推进区域协调发展将有利于破除城乡二元结构，补齐区域发展短板，推进区域间要素平等交换和公共资源均衡配置，激活区域间的

---

① 《习近平在省部级主要领导干部学习贯彻党的十九届五中全会精神专题研讨班开班仪式上发表重要讲话》，新华网2021年1月11日。

② 《促进区域协调发展 推动实现全体人民共同富裕》，《光明日报》2023年4月27日。

优势互补、互利共赢，释放经济发展的巨大活力，形成推动全局高质量发展的新的动力来源，为在高质量发展中促进共同富裕提供支撑。

新征程上，我们必须整体贯彻落实习近平总书记关于中国式现代化及共同富裕目标的重要论述，围绕高质量发展这个首要任务和构建新发展格局这个战略任务，锚定强国建设、民族复兴目标，推动区域协调发展向更高水平迈进，形成各区域之间协同发展的生动局面，进一步增强广大人民群众的幸福感、获得感、安全感，为加快实现全体人民共同富裕、加快实现中国式现代化建设提供根本支撑。

（二）广东要在高质量发展上走在前列

一直以来，习近平总书记对广东全面深化改革、全面扩大开放高度重视，坚持用战略思维观察时代大势、洞悉当代中国，谋划广东发展。党的十八大以来，习近平总书记就曾先后四次到广东考察。

2012年，习近平总书记在党的十八大后首次离京考察就来到广东，分别到了深圳、珠海、佛山、广州，集中在珠江三角洲地区，循着先辈的足迹，发出"将改革开放继续推向前进"的动员令。2018年，正值改革开放40周年，习近平总书记第二次来到广东考察。在此次考察中，总书记除珠三角外还来到了粤北的清远。一方面是要强调"中国改革开放永不停步"，发出"继续全面深化改革、全面扩大开放，努力创造出令世界刮目相看的新的更大奇迹"的号召。另一方面也在清远指出"城乡区域发展不平衡是广东高质量发展的最大短板"的关键问题，希望广东努力把短板变成"潜力板"，提高发展的平衡性和协调性，为广东指明了发展方向，明确了发展重点；2020年，时值经济特区建立40周年，在习近平总书记考察广东的行程中又增添了粤东的潮州、汕头。在此次考察中，习近平总书记要求广东"以更大魄力、在更高起点上推进改革开放"，并再次强调广东发展的问题，指出"广东要下功夫解决区域发展不平衡问题"。2023年，正值改革开放45周年，也是全面贯彻党的二十大精神的开局之年，我们正在以高质量发展全面推进中国式现代化，以中国式现代化全面推进中华民族伟大复兴。习近平总书记在全面贯彻党的二十大精神开局之年的首次地方考察又一次选择了广东。在这一次的考察中，总书记首先来到粤西的湛江、茂名。①

从珠三角到粤东西北，习近平总书记每次考察地点的选择都饱含深意。从空间维度看，四次考察广东，总书记的步履遍及了珠三角和粤东西北等不同发展水平的区域，饱含着党中央对加快促进广东城乡区域协调发展的殷切期望。一是指出广东高质量发展需要解决的主要问题是城乡区域发展不平衡的问题。习近平总书记在考察时明确指出广东发展存在的问题，考察重点从珠三角转向粤东西北也传递出促进区域协调发展和共同富裕的强烈信号。也正是在考察广东时，习近平总书记提出了"全体人民共同富裕是中国式现代化的本质特征，区域协调发展是实现共同富裕的必然要求"，②为共同富裕作出了新的部署，为广东改革发展指明了前进的方向，注入了强劲动力。

二是指明了广东高质量发展的方向。习近平总书记在考察中多次为广东开出"药方"，包括提出"广东要发展，不仅要靠珠三角，粤北、粤东、粤西这些地区也要联动发展"③"要坚持辩证思维，转变观念，努力把短板变成'潜力板'，充分发挥粤东西北地区生态优势"④"加快推进交通等基础设施的区域互联互通，带动和推进粤东、粤西、粤北地区更好

① 《总书记四次考察广东蕴含深意》，新华网2023年4月11日。
② 《促进区域协调发展 推动实现全体人民共同富裕》，《光明日报》2023年4月27日。
③ 《"在推进中国式现代化建设中走在前列"——习近平总书记考察广东纪实》，新华网2023年4月15日。
④ 《城乡区域协调发展按下"快进键"》，人民网2022年5月12日。

承接珠三角地区的产业有序转移"等。①

三是提出了对广东高质量发展的要求。习近平在考察广东时先后对广东做出"三个定位、两个率先"②"在全面建设社会主义现代化国家新征程中走在全国前列、创造新的辉煌"③"在推进中国式现代化建设中走在前列"④等重要指示，为推进省域治理体系和治理能力现代化提供了重要遵循；先后谋划部署了系列重大国家战略，为广东发展集聚了国家力量支撑，增强了广东发展的高度、厚度和韧性。尤其是我国幅员广阔，区域间经济社会发展水平客观上存在较大差异，广东作为我国现代化建设中寻求区域协调发展的典型案例，是我国区域经济发展的缩影。广东在推进高质量发展、区域协调发展中面临的形势和任务在全国范围来讲具有共性。广东在高质量发展上开好先局对于全面建设社会主义现代化国家开好局起好步具有重要意义。因此，习近平总书记曾指出，"广东是改革开放的排头兵、先行地、实验区，在我国改革开放和社会主义现代化建设大局中具有十分重要的地位和作用"⑤，寄望广东"以更大魄力、在更高起点上推进改革开放"⑥，在全国起到示范带动作用，勉励广东"继续全面深化改革、全面扩大开放，努力创造出令世界刮目相看的新的更大奇迹"⑦，为广东推动改革开放向更深层次挺进、更广阔领域迈进指明方向。

---

① 《坚定不移全面深化改革扩大高水平对外开放 在推进中国式现代化建设中走在前列》，中国政府网2023年4月13日。

② 《习近平总书记考察广东一年来》，中国共产党新闻网2013年12月4日。

③ 《在全面建设社会主义现代化国家新征程中 走在全国前列创造新的辉煌》，南方新闻网2022年10月8日。

④ 《在推进中国式现代化建设中走在前列》，求是网2023年7月27日。

⑤ 《坚定不移全面深化改革扩大高水平对外开放 在推进中国式现代化建设中走在前列》，中国政府网2023年4月13日。

⑥ 《习近平在广东考察》，中国政府网2020年10月15日。

⑦ 《四次考察广东，总书记殷殷嘱托》，人民网2023年4月15日。

新时代以来，广东牢记习近平总书记殷殷嘱托，深入实施乡村振兴战略，通过帮扶政策全方面支持粤东、粤西、粤北地区发展，着力构建"一核一带一区"区域发展格局，在推动城乡区域协调发展上取得重要成果。全省区域发展差异系数缩小至0.53，城乡居民收入比由2013年的2.67：1缩小到2.41：1，城乡区域发展格局不断优化、发展平衡性协调性不断提升。[①] 但对照总书记的要求，对照共同富裕目标，对照现代化建设高标准，对照人民群众新期待，广东城乡区域发展协调性还明显不够，县域经济发展潜力还有待充分激发。统计数据显示，2022年，珠三角9个市经济总量占广东全省比例超过八成，粤东粤西粤北地区12个市加起来占比不到两成。[②] 这表明广东既有经济发达的珠三角地区，也有经济欠发达的粤东粤西粤北地区，区域协调发展依然任重道远。广东要实现高质量发展，推进全域共富不仅需要发挥已有优势，更要努力补齐发展短板，努力在破解城乡区域发展不平衡难题上不断进行实践探索和创新。因此，广东必须拿出走在前列的精气神，增强当好示范的历史主动，继续积极探索促进区域协调发展的广东方案，着力解决这一最突出短板，为全国提供经验借鉴。

（三）破解城乡区域发展不平衡的广东方案

为贯彻落实习近平总书记对广东系列重要讲话、重要指示精神，破解制约广东高质量发展的难题，广东对城乡区域发展不平衡问题进行了充分研究，研究发现制约广东高质量发展的突出短板在县、薄弱环节在镇、最

---

① 资料来源：广东省统计局、国家统计局广东调查总队共同发布《2022年广东省国民经济和社会发展统计公报》。

② 资料来源：广东省统计局、国家统计局广东调查总队共同发布《2022年广东省国民经济和社会发展统计公报》。

艰巨最繁重的任务在农村，特别是县域经济总量较小、增长较慢、总体发展水平较低，县镇村内生动力不足，一体化发展政策体系不健全，资源要素从乡村向城市净流出的局面尚未扭转。正因如此，广东经济发展才呈现城乡二元结构及区域发展不平衡的问题。为了解决这一问题，加快把县镇村发展的短板转化为高质量发展的"潜力板"，2022年12月广东省委十三届二次全会通过《中共广东省委关于实施"百县千镇万村高质量发展工程"促进城乡区域协调发展的决定》（以下简称《决定》）。《决定》为推动全省县镇村高质量发展，在新起点上更好解决城乡区域发展不平衡问题绘就了蓝图，提出了一份广东方案，对于广东在推进中国式现代化建设中走在前列具有重要意义。

自广东提出实施"百千万工程"以来，省级层面曾先后多次组织工作推进会、动员会及协调会。2023年2月，广东省委农村工作会议暨全面推进"百县千镇万村高质量发展工程"促进城乡区域协调发展动员大会对实施"百千万工程"进行全面部署。同年6月，广东省委十三届三次全会提出从战略和全局的高度，以头号工程的力度抓紧抓实"百千万工程"，在城乡区域协调发展上取得新突破。同年11月，全省推进"百县千镇万村高质量发展工程"促进城乡区域协调发展现场会召开，进一步强调要深化认识实施"百千万工程"的战略意图，提出要清醒看到城乡区域发展不平衡是广东发展的最突出短板，进一步增强把"百千万工程"作为推动高质量发展头号工程来抓的自觉性和坚定性，全力以赴一抓到底、抓出实效，展现出广东要以"百千万工程"破解城乡区域发展不平衡的决心。

在习近平总书记的殷殷嘱托下，广东为扎实推进共同富裕，破解制约广东高质量发展的城乡区域发展不平衡问题提出了以百县千镇万村高质量发展促进城乡区域协调发展的破解方案。这一方案标志着广东吹响了破解城乡不平衡问题的"冲锋号"，正凝聚各方力量努力打造一份中国式现代化的广东样板，对广东在全面建设社会主义现代化国家新征程中走在全国前列、创造新的辉煌具有重要意义。

▼ 二 广东"百千万工程"的顶层设计

（一）广东"百千万工程"的政策内涵

2022年12月8日，广东省委十三届二次全会召开，会议明确提出要突出县域振兴，高水平谋划推进城乡区域协调发展，实施"百县千镇万村高质量发展工程"，推动城乡区域协调发展向着更高水平和更高质量迈进。会议通过《中共广东省委关于实施"百县千镇万村高质量发展工程"促进城乡区域协调发展的决定》，要求全省122个县（市、区）、1609个乡镇（街道）、2.65万个行政村（社区）全面实施"百千万工程"。就其政策内涵来看，该工程以构建城乡区域协调发展新格局为目标，坚持问题导向，在遵循经济社会发展规律的同时，把握城乡融合发展的正确方向，把县域作为城乡融合发展的重要切入点，从空间尺度上对"核""带""区"进行深化细化，从互促共进的角度对先发地区与后发地区的发展进行通盘考虑，对县镇村各自的功能定位科学把握，旨在把县的优势、镇的特点、村的资源更好地统筹起来。

具体而言，该工程的核心内涵可以归结为"强县促镇带村"及"城乡融合发展"。其中，"强县促镇带村"实质上就是要做强县城龙头、做实乡镇节点、建设和美乡村、抓好城乡建设，以县镇村三级联动、三级协同的一体化发展策略构建城乡区域协调发展新格局，打通资源要素流动通道，实现生产要素城乡区域间畅通流动，进一步激发县、镇、村三级的经济活力，解决县镇村发展内生动力不足的问题，进而将县镇村发展的短板转化为广东高质量发展的"潜力板"。

首先，"百千万工程"高度重视发挥县域经济的龙头作用。县域在经济发展中占据独特地位，是连接城市与乡村的一座桥梁，涵盖县城、乡镇及广大农村区域，既拥有"三农"经济的基因，是实现乡村要素整合的重要节点，又处于城市经济的辐射范围之内，扮演着承上启下的角色，兼具承接大城市产业转移的载体功能以及集聚农村生产要素的平台功能，具有独特的增长和辐射带动作用，对于承接落实省市两级的战略举措和资源下沉，对于统筹引领镇村两级的经济社会的发展，有着不可替代的核心枢纽的作用。2022年，中共中央办公厅、国务院办公厅出台的《关于推进以县城为重要载体的城镇化建设的意见》就明确提出要推进以县城为重要载体的城镇化建设取得重要进展。县域经济的发展将带动城乡人口、资源、环境等要素优化配置，日益成为盘活全局的关键性因素，成为推进城乡融合和区域协调发展的关键环节和重要着力点。

从这个意义讲，下功夫解决城乡区域发展不平衡问题，要从县域经济出发。县域强则镇村强，县域兴则省市兴。只有不断把县域经济做大做强，才能使县域成为城乡要素流动的中转点，城市功能的重要承载地，城乡融合、区域协调发展的主阵地。然而，县域经济也是广东实现现代化的突出短板，发展水平差距较大，同时缺乏经济强县。这不仅使得县城没有吸引足够多的人口，直接影响了县城辐射带动乡村的能力，还间接导致大城市的人口过度集聚，严重阻碍县城承上启下作用的发挥。因此，"百千万工程"破解区域不平衡发展问题立足于破解"县域不经济"问题，以县为主体，突出县域振兴，抓住县域这个重要发力点，提出做大做强县域经济，推动县域高质量发展。有效统筹县域内资源，实现资源优化配置，激发各类经济要素的发展活力，有利于促进打破城乡"二元结构"，夯实区域经济协调发展的根基。这既符合问题导向，也符合广东经济发展的客观实际，也是扩大内需战略的重要基点和畅通国民经济循环的关键。

其次，"百千万工程"把乡镇"联城带村"的节点功能摆在更重要的位置上。乡镇在本质上是农村综合经济体，是新型城镇化和乡村振兴的交汇地，是连接着城市和乡村的重要节点，也是县域发展的重要支撑。镇域经济发展不济将无法为农村劳动力提供充足的就近就地非农就业机会，导致相当多的农村劳动力异地就业，造成人户分离、基本公共服务覆盖不全、待遇不同等难题，影响劳动资源在城乡间的广泛交流。[1]没有镇域经济的发展壮大就没有农民收入的增加，解决农民增收、就业、社会保障等问题要靠镇域经济的发展。充分发挥好乡镇的节点和纽带作用，才能实现从县到村的同频共振，才能进一步缩小城乡差距，促进城乡协调发展。因此，"百千万工程"将乡镇联城带村的节点和纽带作用摆在了更重要的位置上，提出建设美丽圩镇，集中资源建强中心镇、专业镇、特色镇，培育更多全国经济强镇，将镇域建设成为服务农民的区域中心。镇域的高质量发展将进一步为乡村振兴、城乡融合发展提供更为广阔的天地。

第三，"百千万工程"锚定村域经济的巨大潜力，提出建设宜居宜业和美乡村。村域是中国式现代化及共同富裕目标实现的基本单元，是脱贫攻坚成果及乡村振兴成效的基本体现和核心抓手。村域经济的发展关系到广东是否能从根本上解决城乡差别、乡村发展不平衡不充分的问题，也关系到广东区域发展是否平衡，是否能实现城乡统筹、农业一体的可持续发展的问题。但广东部分乡村存在产业发展基础条件薄弱，内生动力不足，农民收入水平较低等问题。而这正是导致广东省城乡发展差距拉大的关键原因。为此，"百千万工程"把乡村振兴宏伟蓝图和战略目标具体落实到建设宜居和美乡村上，稳步推进乡村振兴建设行动及农业农村现代化，助

① 罗明忠：《"百千万工程"是乡村振兴和共同富裕的总引擎》，《南方农村报》2023年1月31日。

推现代乡村产业体系形成，通过完善乡村治理，盘活农村土地资源和自然资源，借助县镇发展进一步带动乡村经济高质量发展。

由此可见，"强县促镇带村"策略以广东经济发展的短板——县镇村为切入点，打通了从农村到城市的双向发展通道，打破了传统路径依赖和发展模式，展现出明显的问题导向。从根本上看，广东城乡区域发展不平衡，主要在县域、镇域、村域发展不平衡不充分。"百千万工程"以广东经济的薄弱环节为突破口，在县、镇、村三个层面同步推进。在县域层面推动县域高质量发展，把县域经济定位为实现城乡一体化的一个重要载体；在乡镇层面，强化乡镇联城带村的功能，发挥重要桥梁作用；在乡村层面，注重"三农"问题的优先地位，大力抓现代乡村产业体系的建设，利用产业振兴、乡村治理创新、体制机制创新进一步提升巩固乡村振兴的治理成效。这将有助于形成县镇村三级联动的发展体系，全面激活县镇村的发展活力。县、镇、村三级都有活力，都能实现振兴，全省城乡区域协调发展的基础就更加扎实，广东高质量发展也将获得新引擎、新动力。从这个角度上看，"百千万工程"意义之重、涉及之广、影响之远非比寻常，既是广东的优势塑造工程、结构调整工程、动力增强工程、价值实现工程，更是广东推动高质量发展的头号工程。

除了提出以县镇村一体化联动发展推动城乡区域协调发展的解决方案之外，"百千万工程"另一发力点在城乡融合发展。这一方面的战略意义也更为凸显。新时代新征程城乡融合发展需要新的实现形式和载体支撑，"百千万工程"破除单向城市化思维，将城市发展与农村发展放在同等重要的位置，在促进百县千镇万村高质量发展的基础上进一步提出规划建设一体化、基础设施一体化、要素配置一体化、生态环保一体化、基本公共服务一体化，意在打造城乡区域间资源要素的双向流动通道，促使生产要素在城乡区域间畅通流动。这不仅为县镇村与城市的相互联结及相互承接创造了便利与条件，也为促进城乡融合发展提供了实现途径。一方面，县镇村得以借助城镇化、工业化发展的强大动力汲取发展的能量，补齐发展短板，使城市发展与县镇村发展之间的不平衡得到缓解。另一方面，县镇村经济高质量发展、资源承载能力的提升又将反过头来为城镇化、工业化提供动力，从发展要素、资源、环境等方面为城市经济发展提供支撑和新动能。

总的来看，"百千万工程"着力推动县镇村高质量发展及城乡融合发展，形成"村—镇—县—城"相互联系、相互促进、深度融合的区域发展体系，将有利于广东破除城乡二元结构，形成城乡间相互赋能、县镇村高质量联动发展的新局面，将大大推动城乡区域间差距的缩小，扎实推进全域共富。

（二）广东"百千万工程"的目标路线

《中共广东省委关于实施"百县千镇万村高质量发展工程"促进城乡区域协调发展的决定》中明确了"百千万工程"的短中长期发展目标，总结而言，就是"抓好一三五，做强百千万"，实现"一年开局起步、三年初见成效、五年显著变化、十年根本改变"。《决定》还进一步强调实施"百千万工程"促进城乡区域协调发展的目标任务是以全省122个县（市、区）、1609个乡镇（街道）、2.65万个行政村（社区）为主体。

时间节点上，"百千万工程"既抓当下，也谋长远，提出："到2025年，城乡融合发展体制机制基本建立，县域经济发展加快，新型城镇化、乡村振兴取得新成效，突出短板弱项基本补齐，城乡居民人均可支配收入差距进一步缩小。到2027年，城乡区域协调发展取得明显成效，县域综合实力明显增强，一批经济强县、经济强镇、和美乡村脱颖而出，城乡区域基础设施通达程度更加均衡，基本公共服务均等化水平显著提升，中国式现代化的广东实践在县域取得突破性进展。展望2035年，县域在全省经济社会发展中的地位和作用更加凸显，新型城镇化基本实现，乡村振兴取得决定性进展，城乡区域发展更加协调更加平衡，共同富裕取得更为明显的实质性进展，全省城乡基本实现社会主义现代化"的中长期发展目标。[①]

在县域层面上，"百千万工程"提出统筹抓好产业兴县、强县富民、县城带动，让县域进一步强起来、富起来、旺起来，在不同赛道上争先进位。路线上，一是采取分类引导差异化发展，立足资源禀赋、比较优势等因素，科学把握各县域的发展定位、方向、路径、重点，以差异化发展助推高质量发展。二是发展壮大县域经济，重点发展比较优势明显、带动农业农村能力强、就业容量大的产业，统筹培育本地产业和承接外部产业转移，促进产业转型升级。三是推进以县城为重要载体的城镇化建设。推动县城公共服务设施提标扩面、市政公用设施提档升级、环境基础设施提级扩能、产业配套设施提质增效、产城融合发展，不断提升县城综合承载能力。

在乡镇层面上，充分发挥乡镇连接城市与农村的节点和纽带作用，建设成为服务农民的区域中心，促进乡村振兴、推动城乡融合。路线上，增强乡镇综合服务功能，打造完善的服务圈、兴旺的商业圈及便捷的生活圈。建设美丽圩镇，建强中心镇专业镇特色镇。在乡村层面上，坚持农业农村优先发展，巩固拓展脱贫攻坚成果，全面推动乡村产业、人才、文化、生态、组织振兴，实现农业高质高效、乡村宜居宜业、农民富裕富足。路线上，构建现代乡村产业体系。稳步实施乡村建设行动。加强和完善乡村治理，健全党组织领导的自治、法治、德治相结合的乡村治理体系，构建共建共治共享的乡村治理共同体。

在城乡融合发展层面上，要加大城乡区域统筹力度，促进发展空间集约利用、生产要素有序流动、公共资源均衡配置、基本公共服务均等覆盖，破除城乡二元结构。路线上，通过推进规划建设一体化、基础设施一

[①] 《中共广东省委关于实施"百县千镇万村高质量发展工程"促进城乡区域协调发展的决定》，广东省人民政府门户网站2023年2月27日。

体化、要素配置一体化、生态环保一体化、基本公共服务一体化推动城乡一体化。

（三）广东"百千万工程"的特色亮点

习近平总书记深刻指出，城乡区域发展不平衡是广东高质量发展的最大短板，明确要求广东下功夫解决区域发展不平衡问题，全面推进乡村振兴，在促进城乡区域协调发展等方面继续走在全国前列。[①]广东省委、省政府坚决贯彻落实习近平总书记、党中央决策部署，把实施"百千万工程"作为推动高质量发展的"头号工程"，努力化解广东城乡区域发展中不平衡、不充分的问题，以区域高质量协调发展为主基调，全面推进城乡区域协调发展，促进全域共富，提高人民生活品质，努力在促进城乡区域协调发展方面实现新突破。

在这过程中，广东学习借鉴浙江"千万工程"先进经验，坚持新发展理念，因地制宜、分类施策，锚定"一年开局起步、三年初见成效、五年显著变化、十年基本改变"目标，在推动"百千万工程"走深走实、取得实际成效上探索出了一条广东道路，形成了不少亮点举措，率先为全国贡献了一个广东方案，也为广东在推进中国式现代化建设中走在前列奠定了坚实基础。

1. 坚持分类施策，打造多层次差异化目标体系

《决定》明确提出"坚持分类施策"原则，要求立足各地发展基础、资源禀赋和比较优势，明确发展定位，针对不同地区、不同类型县镇村制定实施差别化政策，引导其走特色发展、错位发展之路，推动县镇村各尽所能、各展所长。在此原则下，县镇村在推动本地高质量发展时，要根据

---

① 《在推进中国式现代化建设中走在前列》，南方网2023年5月29日。

各地县情镇情村情不同，从实际出发，因地制宜、分类指导，基础条件好的县（市）要对标一流、创先争优，基础薄弱的县（市）要加快发展、迎头赶上，各镇、村要结合资源禀赋、基础条件、功能定位等切实制定突出本地特色的实施方案。

为此，广东对全省122个县（市、区）进行科学分类，分类施策，实施创先、进位、消薄行动，根据县域经济实力和发展潜力，把57个县（市）划分成创先类（15个）、进位类（27个）、消薄类（15个）三条赛道。支持若干基础条件好、发展潜力大的县（市）创先争优，打造争创全国经济强县的"先遣队"，扶持基础薄弱县（市）加快发展、迎头赶上，并提出"抓两头、促中间"的工作思路，充分激发进位赛道"中间"部分的潜力，推动县域在不同赛道上争先进位。乡镇层面，广东将全省1612个镇街（1123个乡镇、489个街道）分成城区镇554个、中心镇239个、专业镇260个、特色镇315个、普通镇244个，推动乡镇结合资源禀赋、基础条件、功能定位实现差异化、品质化、特色化发展，走出符合实际的可持续发展道路。与之相配套的分类考核评价体系也初步形成，考核坚持分类考核，进一步推动各地因地制宜走出差异化高质量发展道路。

在此背景下，各县镇村需要根据自身所处赛道，认真思考本地发展基础、资源禀赋、比较优势等客观条件，谋划体现发展思路、突出本地特色的具体行动计划及目标任务，由此构成"百千万工程"多层次差异化的目标体系。一方面，县镇村立足客观实际的特色发展模式及目标将有利于县镇村塑造发展优势，更符合经济发展壮大的客观规律，地方特色放大也使其更容易在异质化竞争中找到更为广阔的发展空间，从中脱颖而出形成发展优势。与此同时，与本地特色结合的发展目标及规划也因有了地方资源禀赋等的支撑而具有更高的可实现性及可持续性。另一方面，差异化目标体系也有利于改变地方间关系，推动地方间合作共赢。各地方被分散在不同赛道将有利于避免赛道的拥挤和竞争的恶化,由此淡化地方保护主义倾向并减少行政壁垒,从而推动各类要素在区域间合理流动和高效聚集,进而实现城乡区域协调发展。

2. 借助高位推动,建立高规格高站位指挥体系

"百千万工程"是一项系统性工程,也是头号工程,纵向贯穿县镇村三级,横向涵盖经济社会发展方方面面,建立指挥有力、上下贯通、协同推进的组织指挥体系至关重要。为了推动工程走深走实,广东明确提出要成立省"百县千镇万村高质量发展工程"指挥部,由党政"一把手"亲自部署亲自抓,发挥总揽全局、协调各方的作用。省指挥部由41个成员单位组成,其中包括省委办公厅、省人大常委会办公厅、省政府办公厅、省政协办公厅、省委省政府各职能部门及省级各类群团组织等,除成员单位外还纳入9个重点任务牵头单位,分别是省纪委监委、省委农办、省民族宗教委、省司法厅、省体育局、省粮食和物资储备局、省能源局、省发展研究中心及省通信管理局,由此形成部门融合的矩阵式推进机制。同时,指挥部下设指挥部办公室,承担日常具体工作,实行实体化运作,与省委改革办合署办公,重点发挥好参谋辅政、统筹协调、督促指导、服务保障作用。除此之外,省级层面另由省直相关部门共同成立了5个工作专班,分别是:县域经济专班、城镇建设专班、乡村振兴专班、要素保障专班、决策咨询专班。这类专班与指挥部及其办公室共同构成广东省省级层面的"百千万工程"指挥体系。

该方案出台后,全省各市县均迅速反应,及时成立指挥部并全部下设办公室投入实体化运作,同时根据本地实际建立具有针对性的专班,由此形成省市县贯通的矩阵式三级指挥体系。其中,省级指挥部办公室侧重顶层设计、统筹抓总;市级指挥部办公室侧重承上启下、督促协调;县(区)级指挥部办公室侧重攻山头、啃骨头、抓落实。各级成员单位、重点任务牵头单位各司其职、紧密协作，进一步形成全省同心齐力加油干的生动局面。

从人员构成上看，"百千万工程"指挥体系具有高规格高站位特点，由"五级书记"亲自部署亲自抓百千万工程。省级层面，由省委主要负责同志任省"百千万工程"指挥部总指挥，省政府主要负责同志任第一副总指挥。县级（市、区）层面由县（市、区）党委书记任"一线总指挥"。乡镇（街）层面由乡镇（街）党委书记任"一线施工队长"。村级（社区）层面则由村（社区）党组织书记担任"领头雁"。从省到市到县到镇到村均由一把手主抓的组织架构和工作机制体现了广东省委对"百千万工程"的高度重视和强力推动，将有利于提高"百千万工程"的政治属性与优先地位，推动统筹协调各级各方的资源和力量，形成上下联动、部门协调、齐抓共管的有利局面。

从运行上看，广东省委对"百千万工程"指挥部提出高要求，不仅要求下设办公室实行实体化运作，还提出要进一步完善县处级领导干部挂点联系的制度机制，加快完善各级指挥部办公室人员编制、办公要素等政策支撑体系，制定完善常态化运作、会议协商等工作制度，形成统分结合、协调联动的指挥运行机制。推动各级党委、政府落实主体责任、属地责任，担起主责、唱好主角，全面摸清县情、镇情、村情，精心做好任务规划，明确"时间表""任务书""路线图"，倒排工期、挂图作战，确保各项工作任务高效推进，把"百千万工程"的各项部署落到实处。从推动工作的效果来看，对指挥部运行的高要求将更能发挥省指挥部下设办公室顶层设计、统筹抓总的职能，也有利于加强考核评价和激励约束，确保各项任务落实到位，形成指挥有力、上下贯通、协同推进的工作格局。

3. 强化要素保障，构建多方位强有力支撑体系

广东下大力度推进头号工程，广泛汇集各方力量，调动各类资源要素，凝聚全省合力重点攻坚，支撑"百千万工程"向深向实推进。

首先，通过放权改革为县镇赋能。广东省委聚焦制约县镇高质量发展的体制机制障碍，以放权赋能改革为突破口，提出赋予县更多市级经济社会管理权限，赋予部分中心镇县级管理权限，以保障县镇村具备推进高质量发展的相应发展权限。目前，广东已启动县镇扩权赋能改革，引导地方有序向下放权。2023年9月，广东省人民政府办公厅发布《关于调整一批省级行政职权事项的决定》，首次从省级层面系统性地直接面向县（县级市）开展批量放权改革，并强调各地级以上市、各县（市、区）和省有关部门要依照职权认真组织实施，加强衔接沟通，确保相关行政职权放得下、接得住、管得好、有监督。该决定还要求省有关部门要进一步加大工作力度，继续深化放权赋能改革，选取综合实力强、发展基础好的县（市、区）作为试点，依法赋予更多主动作为空间。各地级以上市也要结合县域经济社会发展实际需求，积极推动将一批市级行政职权调整为由有关县（市、区）实施。作为贯彻落实"百千万工程"的重要举措，这对于加快构建支持县镇经济发展制度体系、促进城乡区域协调发展和充分激发县镇发展动力活力具有重要意义，将进一步提升县镇主体的发展能力及治理水平，使县镇获得落实"百千万工程"各项决策的能力与空间。

其次，各类配套政策从多方面助力"百千万工程"。广东省委在部署"百千万工程"之初就提出构建"1+N+X"政策框架，要求省有关单位围绕"百千万工程"从产业、商贸、人才、科技、土地、生态保护、财政、金融、民生保障等角度出台一系列配套政策。随着"百千万工程"的深入，广东省财政厅、科技厅、自然资源厅、教育厅、农业农村厅、市场监管局、水利厅等部门均已出台相应的支持性政策，围绕"百千万工程"实施的资金问题、供地问题、水利基础设施、科技支撑、教育资源配置、数字化治理等制约县镇村高质量发展的问题，集全省之力从多方面以多举措提出了解决方案与助力方案，形成了多方位强有力的支持性政策体系。例如，建立县级财力保障长效机制，试行省财政资金全面直达县（市），稳步提高土地出让收入用于农业农村比例，统筹地方政府新增债券用于县镇村建设。再如，制定《关于金融支持"百县千镇万村高质量发展工程"促进城乡区域协调发展的实施方案》，以24条具体举措推动金融资源进一步向县镇村倾斜、金融服务进一步向县镇村下沉、金融人才进一步向县镇村汇聚。再如，建立用地用林"指标池"，强化对57个县（市）的资源要素倾斜支持。这一政策体系将有助于推动各项资源力量进一步向"百千万工程"倾斜，从源头纾解广东"县镇村"发展的堵点痛点，为"百千万工程"的实施清除障碍，切实推动各类资源要素的活水流到"县镇村"，保障发展所需，助力"百千万工程"加速取得更大实效。

第三，建立对口帮扶机制强化人才要素保障。广东建立健全新型帮扶协作机制，建立纵向支持、横向帮扶、内部协作相结合的机制，实现对粤东粤西粤北地区45个县（市）帮扶协作全覆盖，做好惠州、江门、肇庆市12个县（市）的帮扶工作。强化省市县纵向帮扶，结合驻镇帮镇扶村和对口支援重点老区苏区县工作，建立省直机关事业单位、省属国有企业、高校、科研院所等组团帮扶机制。强化市际横向帮扶协作，按照"市统筹、县协同"的原则，优化珠三角核心区与粤东粤西粤北地区县级结对关系，探索建立共建共享机制，推动珠三角产业向粤东粤西粤北地区有序转移，鼓励共建产业转移合作园区。强化市域内帮扶协作，推动区、县（市）联动发展。健全省领导同志定点联系县、市领导同志挂钩联系中心镇和欠发达乡镇、县领导同志联系村机制，指导和督促各项工作落实。

2023年11月，广东已开启第一轮帮扶工作，以县内县外"双向施策"强化人才保障，确保要素资源投入持续不断。本轮纵向帮扶共涉及全省156家有关单位，帮扶工作期限为2023年到2026年，帮扶对象包括全省57个县（市）及5个重点老区苏区市辖区，基本实现县域帮扶的"全覆盖"。帮扶形式为纵向组团帮扶，由1家省直单位牵头、若干成员单位共同参与。牵头单位选派1名处级领导干部，其他成员各选派1—2名年富力强的中层管理人员或科级相当职务层次人员挂任被帮扶县（市、区）相应职务，并以3年为周期进行轮换。对于部分经济部门及实力较强的单位，则安排帮扶两个县（市、区）。为此，广东省发展改革委牵头举行省直机关及有关单位组团纵向帮扶支持县域高质量发展动员会，对各有关单位选派的180多名帮扶干部进行集中培训、动员部署。纵向帮扶主要强化省级资源导入，各帮扶单位、帮扶干部要在立足纵向帮扶组团的基础上，善用各类帮扶力量，发挥好各类资源要素作用，推动形成"劲往一处使"的帮扶合力。

第四，广泛调动社会力量，形成人人关心支持、全社会共同参与的支持氛围。广东在推动"百千万工程"的支撑力量调动上突出广泛性，提倡用好群众参与禀赋、社会资本活力、社会组织优势，推动政民互动、政企联动、市域协同，实现优势互补。其中包括鼓励、引导、规范工商资本下乡，深入实施"千企帮千镇、万企兴万村"行动，积极探索政府引导下社会资本与村集体合作共赢的模式。大力培育农业新型经营主体，充分发挥龙头企业、种养大户、家庭农场经营者带动作用。发挥工会、共青团、妇联等群团组织的优势和力量，支持各民主党派、工商联、无党派人士等积极发挥作用。

广东以奋力破解城乡区域发展不平衡问题的决心深入谋划"百千万工程"，从以上四方面为全面实施"百千万工程"构建起了一个纵向支持、横向帮扶、社会内部通力协作的强有力支撑体系，将为工程实施提供更便利的条件及更强大的助力，更好地支撑"百千万工程"稳步推进、落地见效。

第二章

改革开放以来广东城乡发展的历程

习近平总书记指出："只有回看走过的路、比较别人的路、远眺前行的路，弄清楚我们从哪儿来、往哪儿去，很多问题才能看得深、把得准。"①实施百县千镇万村高质量发展工程不是一个孤立的事件，而是在广东推进中国式现代化建设的历史进程中进行的，只有回望广东在探索城乡协调发展中走过的历程，才能够更好地把握和理解百县千镇万村高质量发展工程。改革开放以来，在党中央的坚强领导下，在历届广东省委省政府的努力下，广东在短短40多年间经历了从解决温饱到迈向小康再到全面建成小康社会的历史性转变，截至今天，已经意气风发地迈向以中国式现代化全面推进强国建设、民族复兴伟业的新征程。从改革开放初期县域经济的蓬勃发展到新世纪新阶段社会主义新农村建设的深入推进，再到中国特色社会主义新时代"三农"工作的高质量发展，广东以改革开放排头兵、先行地、实验区的担当在推进城乡协调发展进程中敢闯敢试敢干，进行了种种探索、积累了宝贵经验，不断创造新的辉煌，不负在中国式现代化建设中走在全国前列的光荣使命。

一　城乡发展在改革中开新局

正如习近平总书记所强调的，"改革开放是党在新的历史条件下领导人民进行的新的伟大革命，是决定当代中国命运的关键抉择。中国特色社

---

① 习近平：《全面贯彻落实党的十八大精神要突出抓好六个方面工作》，《求是》2023年第1期。

会主义之所以具有蓬勃的生命力，就在于实行改革开放的社会主义。"①改革开放初期，在党中央"你们自己去搞，杀出一条血路来"②的殷殷嘱托下，广东省委省政府紧密结合广东实际，大胆进行改革，在推动广东社会发展发生翻天覆地变化的同时，也使得城乡发展取得巨大进步，与全国一道解决温饱问题，实现了建成小康社会的宏伟目标。

（一）农村改革率先推进

众所周知，中国的改革开放首先是从农村改革开始的。1978年冬天，安徽省凤阳县小岗村的18位农民以"敢为天下先"的精神，实行了农业"大包干"，开启了中国农村改革的大幕。实际上，早在1977年，广东一些贫困落后地区就开始进行"包产到户"的尝试。在湛江地区，海康县北和公社潭葛大队的农民面对生活贫困、难以解决温饱的局面，就在该大队南村第五生产队试行联产到户，按照谁种谁收的原则将土地按人口、劳动力划分到户，工具、耕牛等凭价借给农户使用。经过这一实践，该大队在1978年春耕时获得大丰收。消息一经传开，便引发了社会的广泛关注。此后，惠州，梅县等地农村贫困地区也开始自发探索实行包产到户。面对包产到户这一新鲜事物，广东经历了一个逐渐解放思想、积极探索的过程。最初，面对湛江、惠州、梅县等地自发实行包产到户的行为，中央虽然允许广东实行特殊政策、灵活措施，但鉴于十一届三中全会通过的《中共中央关于加快农业发展若干问题的决定（草案）》中明确提出"两个不许"，即不许分田单干和不许包产到户，广东仍将反对包产到户作为主导思想。但是随着农村改革的深入，中央逐渐开始肯定包产到户政策，加之湛江等地取得良好效果，广东省委省政府顺应人民群众期盼，允许贫困地

① 《在庆祝改革开放40周年大会上的讲话》，《人民日报》2018年12月19日。
② 《邓小平年谱（一九七五——一九九七）》上卷，中央文献出版社2004年版，第510页。

区进行包产到户。在实践中，广东省委省政府逐渐支持和放开"包产到户"，并不断取得积极效果。1980年9月，《中共中央印发〈关于进一步加强和完善农业生产责任制的几个问题〉的通知》，规定在边远山区和贫困落后地区可以包产到户，也可以包干到户，并强调在生产队领导下实行的"包产到户是依存于社会主义经济，而不会脱离社会主义轨道的，没有什么复辟资本主义的危险"①。以此为契机，广东以排头兵的姿态坚决执行党中央决定，大力实施包产到户政策。截至1980年底，广东近四成的农村地区实行了家庭联产承包责任制，全省粮食产量比1979年增加11亿斤，农村人均收入达到274元，比1979年增加51元，出现了盖新房子多、购置耕牛农具多、重视科学种田多的"三多"现象。在1982—1984年，连续三年的中央一号文件明确支持和推广家庭联产承包责任制的号召下，广东以更大的力度推广联产承包责任制，并于1987年在广大农村地区基本全部实行家庭联产承包责任制，极大地促进了生产力的发展。

值得一提的是，广东在积极推行家庭联产承包责任制的同时，也在农产品流通领域敢为人先，以一次又一次开全国改革之先河的行为，引领社会风气之先。早在1978年底，广州就率先成立了中国第一家行栏货栈——广州市河鲜货栈。以此为起点，广东陆续在流通领域进行市场化改革。1979年，广州率先放开塘鱼价格，在流通领域进行市场化改革；1981年，取消肉鸡和鲜蛋的派购任务，放开价格；1983年，放开水果价格；1985年1月和4月，先后放开了生猪和水产品的经营；1988年，调整并放开了粮油价格；1992年，广东在全省范围内取消了粮食的统购统销。随着改革的推进，老百姓的菜篮子、米袋子逐渐丰富起来，生活得到极大改善。在农产品流通改革如火如荼进行的过程中，广东的农村股份制改革也在敢闯敢试

① 中共中央党史和文献研究院：《全面建成小康社会重要文献选编》（上），人民出版社、新华出版社2022年版，第21页。

中积极推进。1978年8月18日，广州市杨箕村大胆进行股份制改革，成为全国率先完成股份制改革的第一村，在全国范围内引起轰动。此后，股份制改革在南粤大地上如雨后春笋般展开，推动农村经济得到有效发展。在推动农村生活面貌不断改善的同时，广东也积极创新实现农业现代化的方式。广东发挥经济较发达、市场化程度较高的优势，在实行农业产业化经营方面大胆探索，许多措施都走在全国前列。早在20世纪80年代初，珠三角地区就出现了各种农工商公司，产业化经营模式有了雏形。在此基础上，广东领全国之先，于1998年提出推动农业协调发展的目标，即在东西两翼和粤北山区组建创办50家大型农业龙头企业，在珠三角创办10个农业现代化示范区。此后在短短五年间，广东建成珠三角十大农业现代化示范区，建成高标准农田27万亩，安装现代化农业设施10.3万亩，取得无公害食品认证31个，绿色食品认证27个，新增产值23.18亿元，示范区农民人均纯收入在5400元以上，极大地改善了农村生活条件。

（二）县域经济蓬勃发展

改革开放初期，广东作为改革开放的先行地，发挥毗邻港澳的区位优势、华侨人数众多的人口优势，采取特殊而灵活的措施，进一步解放思想、大胆改革、更加开放，积极吸引外资，推动经济快速发展。依托珠江三角洲经济的高速发展，广东省委省政府从促进区域协调发展的高度出发，采取有效措施大力推动县域经济发展，创造令世人瞩目的"广东奇迹"。一是大力发展高产、高质、高经济效益的"三高"农业和外向型农业。在政策的支持下，广东全省开始出现"种粮专业户""养鸡养鱼专业户"的规模化经营的现象，在有效推动农业产业化经营的同时，也推动农业由传统农业向现代农业转变，由粗放经营向集约经营转变，为工业化的进行奠定了坚实基础。二是走因地制宜的工业化之路。在农业向集约化发展的同时，以乡镇企业为代表的集体经济开始蓬勃发展。在佛山、东莞等地先后涌现出珠江冰箱厂、蚬华风扇厂、广东电饭锅厂等一大批在全国赫赫有名的乡镇企业。乡镇企业的异军突起，在有力地推动了县域产业结构转变的同时，也有效地促进了工业化和城市化进程。三是坚持多种经济成分一齐上。以南海为代表的县（市）在发展经济过程中提出"三大产业齐发展，六大层次一起上"的方针，推动国有、集体、外资、个体私营等多种经济成分在经济发展中发挥各自作用，形成你追我赶之势，在推动民营经济蓬勃发展的同时，使县域经济迅速发展壮大。四是专业镇及特色产业成为县域经济发展的生力军。在发展中，一些乡镇加大招商引资力度，创办"三来一补"企业，涌现出了南海盐步内衣、中山古镇灯饰、东莞虎门服装等专业镇，创造了经济奇迹。五是县域二三产业成为农村劳动力转移的重要载体。珠三角县域二三产业快速发展，为农村劳动力转移创造了大量机会；同时吸纳了数以百万计外地农民工，推动了县域的城镇化发展。随着珠三角经济的快速发展，顺德、南海、东莞、中山等地快速崛起，创造了中国县域经济发展的"珠江模式"，成为中国发达县域经济的集中板块之一。与此同时，广东省委省政府坚持对粤东西北山区和贫困地区等地区进行开发式扶贫，在推动珠江三角洲地区快速发展的同时，也使得其他地区得以全面摆脱贫困，奔向小康。从1985年开始，广东省委省政府每年都召开全省山区工作会议，大力开展造林绿化工作，因地制宜发展"三高"农业和乡镇企业，山区县域经济得到一定发展。

20世纪90年代后，鉴于区域经济发展不平衡不协调问题，广东省委省政府在广泛调研的基础上，结合广东实际，提出"分类指导、层次推进、梯度发展、共同富裕"的指导思想和"中部地区领先、东西两翼齐飞、广大山区崛起"的区域经济发展战略；出台系列政策措施，把大力发展县域经济作为推动东西两翼和山区跨越式发展的一项重要举措；并成立省级层面的区域协调发展领导小组，强化对县域经济发展的统筹协调，县域经济发展取得显著成效。这一时期，珠三角加快改革开放步伐，积极推进工业化进程，形成高新技术产业带和国际化城市群。在此带动下，广州的增城，佛山的三水、高明，惠州的惠阳，江门的新会、开平等珠三角县域经济发展迅速。特别是90年代顺德率先开展行政体制改革、农村体制改革和产权结构改革，使顺德地区生产总值长期居全国县级行政区域之首，连续四次获得全国基本竞争力百强县首位。 粤东、粤西两翼大力吸引国际资本，加快能源、交通和通信等基础设施建设，推动县域经济发展。1997年5月，省政府发出《广东省东西两翼区域发展规划纲要（1996—2010）》，提出包括建设高速公路工程等27个方面的重点发展项目。粤西地区围绕优化经济结构，大力发展海洋渔业和水产养殖业，成为"广东的鱼仓"；同时，大力发展"三高"农业、旅游业等，创造了良好的经济效益。徐闻县着力建设南亚热带农业示范区，发展特色高效农业，增加农民收入。新兴县温氏集团和凉果加工基地效益显著，带动了经济发展。 粤北山区坚持开发式扶贫，全面实施脱贫奔康。1985年至1996年，省委省政府先后召开10次全省山区工作会议，推动山区发展。山区县大力开展造林绿化工作，因地制宜推动"三高"农业发展，加快工业特别是以资源综合利用和农副产品加工为主的乡镇企业发展，加强能源、交通、通信和教育等基础设施建设，山区县域经济得到发展。到1995年，有10个山区县的人均地区生产总值和农村人均纯收入达到或接近全省平均水平，其中高州、高要、惠东、潮安4个县（市）跨入全国农村综合实力百强县行列。信宜、从化、兴宁、海丰4个县（市）摘掉了贫困县帽子。1996年6月，省委省政府改变过去扶持山区撒胡椒面的做法，划出连南、连山等16个脱贫奔康难度大的山区县为特困县，集中力量重点扶持。这一时期，广东县域经济逐步融入珠三角都市圈，城乡一体化融合加速发展，而相对落后的粤东西北地区县域经济也取得长足发展。

（三）居民生活水平显著改善

1978年党的十一届三中全会召开后，广东奋起直追，推动经济迅猛发展，人民生活水平快速提高。据统计，1978年，广东农村居民人均可支配收入是193元，而毗邻的香港"新界"农民的同期年收入为13000港币。经过改革开放的先行先试，截至1985年，广东城镇居民人均可支配收入达到954元，比1978年的412元增长了1.3倍，年均增长12.7%。同期，随着广大农村地区开始推行家庭联产承包责任制，农民的生产积极性空前焕发，农民收入大幅增加。1985年广东农村居民人均可支配收入达到495元，比1978年的193元提高了1.6倍，年均增长14.4%。由此，广东城乡居民生活水平总体上得到大幅改善，实现了从摆脱贫困到进入温饱生活的历史性跨越。在达到温饱水平后，广东继续深化市场经济体制改革，特别是1992年邓小平同志南方谈话后，广东进一步加快了改革开放的步伐，各项政策向纵深推进，经济快速发展，人民生活水平大幅提高。2000年广东城镇居民人均可支配收入达到9518元，比1985年增长9.0倍，年均增长16.6%。同时，在这一期间，广东农业生产稳定发展，农村商品经济日趋活跃，农民工务工收入大幅度增加，推动农村居民收入保持快速稳定增长态势。2000年广东农村居民人均可支配收入达到3612元，比1985年增长了6.3倍，年均增长14.2%。在世纪之交，广东城乡居民基本完成由温饱向总体小康的转变，实现了又一次重大跨越。

在推动城乡居民收入跨越式增长的同时，城乡居民生活也在发生历史性巨变。广东城镇居民家庭恩格尔系数，由改革开放初期的66.6%，下降到1985年的58.3%，并在1993年首次降到50%以下。同期，改革开放初期农村居民家庭恩格尔系数高达61.7%，经过不断努力，农村居民家庭恩格尔系数于1986年下降到58.8%，并在2000年下降到49.5%，首次下降到50%以下。随着家庭恩格尔系数的下降以及城乡居民物质生活的改善，广大人民群众开始对精神生活有了更高的需求，这使得商品性消费比重不断下降，反映精神生活的发展型消费比重持续上升。在生活水平发生转变的同时，人民群众的居住环境也得到了极大改善，极大增强了人民群众的幸福感、获得感。在改革开放初期，广大城镇居民基本是租住单位或房屋管理部门的公房，只有少数城镇居民和大多数的农村居民拥有自己的住房。人口多、住房面积小、三代甚至几代同居一室仍是当时较为普遍的现象。此后，随着大批知识青年的返城，特别是人口流动的放开，城镇人口急剧增加，住房出现严重短缺。为此，广东省委省政府在党中央的领导下，抓住时机进行住房制度改革，推动住宅商品化，推动房地产市场飞速发展，使得城镇居民居住环境极大改善，不同收入群体的多样化住房需求得到了保障。同时，在创建精神文明活动的号召下，广东省委省政府不断加大城乡基础设施的投入，大力推动卫生城市、文明城市的创建，持续开展危房改造、美丽乡村生态环境整治等活动，使城乡居民人居环境得到明显改善。

▼二 新世纪城乡发展深入推进

党的十六大指出："综观全局，二十一世纪头二十年，对我国来说，是一个必须紧紧抓住并且可以大有作为的重要战略机遇期。"[①]进入新世纪，广东省委省政府按照党中央赋予的"抓住机遇，加快发展，在全面建设小康社会，加快推进社会主义现代化进程中更好地发挥排头兵作用"的

---

① 《江泽民文选》第3卷，人民出版社2006年版，第542页。

重大要求,带领全省人民团结奋斗,务实进取,在推动经济社会发展迈上新台阶的同时,推动县域经济发展、城乡协调发展、社会主义新农村建设取得新成效,为全面建成小康社会奠定坚实基础。

(一)县域经济发展百花齐放

进入新世纪以来,广东依靠在改革开放实践中积累的宝贵经验,抓住我国加入世界贸易组织这一历史性机遇,坚持引进来和走出去相结合,重点发展外向型经济,推动经济实力不断增强。在发展中,广东省委省政府坚定执行党中央"壮大县域经济"的决定,以大力度改革推动县域经济发展,先后出台《关于加快县域经济发展的决定》《关于促进县域经济发展财政性措施的意见》等文件以及行政级别改革意见,不断提高县域发展的积极性。在实践中,在广东省委省政府的坚强领导下,各地区解放思想,打破思想观念和体制机制束缚,大胆改革、锐意进取,坚持工业反哺农业、城市支持农村和多予少取的方针,以工业化、城镇化、农村产业为途径,坚持全面推动新农村建设与县城、中心镇、专业镇建设同步抓,积极支持和发展民营经济,激活要素市场,优化投资环境,鼓励各地区依据自身区位、资源特点,因地因时制宜,推动县域经济走特色化、差异化发展道路,使得县域经济发展呈现出百花齐放的局面。

一方面,以广州、深圳、东莞、佛山为龙头的发达地区在发挥原有优势,继续保持领先地位的同时,采取有效措施挖掘本地区县域经济发展增长点并带动珠江三角洲地区的发展。在广州,增城找准自身独特的区位优势,制定多功能区发展战略,以在南部建立新型工业化区、在北部建立都市农业与生态旅游区、在中部建立城市生活区的功能划分,优化产业布局和城市化发展路径,推动当地经济实现快速发展,使其县域经济基本竞争力从1999年全国第58位上升到全国前列,连续多年居广东省首位。同时,珠三角九市其他地区也抓住机遇，努力实现跨越式发展。在肇庆，高要市充分发挥紧邻广佛经济圈的区位优势，抓住珠三角核心区产业转移的重大机遇，以"打造肇庆传统优势产业转型升级重要集聚区、广佛肇经济圈最佳人居城市、肇庆职业技术教育重要基地、国家级现代农业园区"为目标，大力吸引产业转移，在短时间内实现财政收入从3亿多元增加到10亿多元的跨越，推动地区经济实力、财政实力取得历史性突破，成为"广东县域经济科学发展的一个典范"。另一方面，粤东粤西粤北等地则抓住珠三角产业转移的机遇，推动本地区县域经济不断得到发展。在粤北地区，韶关南雄市抓住产业转移和劳动力转移的"双转移"和扩大内需的东风，建立起广东首个精细化工产业园，又因地制宜，结合当地实际，继续做大做强烟叶、竹木资源加工、银杏等特色产业，推动当地经济得到极大发展。在粤西沿海地区，湛江市徐闻县就充分发挥沿海资源优势及毗邻海南的区位优势，利用党中央赋予海南建设国际旅游岛的有利机遇，提出实施"以旅游发展带旺第三产业，以港口建设带动临港工业，以现代农业促进城乡发展"的发展战略，推动旅游业、港口经济、现代农业同步发展，走出了具有当地特色的沿海欠发展地区发展之路。在粤西山区，茂名高州市将人多耕地少的劣势变为发展优势，抓住促进区域协调的机遇，适时制定"农业起步、以农促工、以工带农、三大产业齐发展"的富民强县战略，推动高州成为粤东西北GDP第一县，经济社会发展综合实力长期位居广东县域前列，成为一个拥有多项"全国百强县"荣誉的山区县级市，实现了从落后的山区农业县一跃迈入广东县域经济发展前列的跨越。

（二）社会主义新农村发展谱新篇

党的十六大以来，党中央将城乡一体化发展作为全面建设小康社会的重要目标加以推进，各种利好农村发展的政策相继出台。党的十六届三中全会审议通过的《中共中央关于完善社会主义市场经济体制若干问题的决定》明确将统筹城乡发展与统筹区域发展、统筹经济社会发展、统筹人与自然和谐发展、统筹国内发展与对外开放并列为"五个统筹",并将其作为经济社会发展的重大要求。2004年,时隔十八年后,中央一号文件的内容回归"三农"工作,此后中央一号文件连年聚焦"三农",凸显了"三农"工作在国家发展工作中的重要地位。2005年,党的十六届五中全会做出建设社会主义新农村的战略部署。在党中央一系列利好政策的号召下,广东省委省政府积极响应国家关于乡村发展的号召,按照"生产发展、生活宽裕、乡风文明、村容整洁、管理民主"的要求,结合本省实际,先后出台《中共广东省委、广东省人民政府关于加快社会主义新农村建设的决定》《广东省村庄规划建设管理条例》《广东省名镇名村示范村建设规划编制指引(试行)》等文件,加大财政支持力度,从解决"一保五难"、培养新型农村、加大农村富余劳动人口等方面进行全面规划,积极探索农村发展新路径。

经过实践探索,广东在社会主义新农村建设中取得了一系列重要成果。一是农村经济实力得到显著提升。广东省委省政府充分认识全省耕地面积减少和劳动力向外转移的大趋势,通过产业化、规模化的方式,走效益农业、特色农业之路。经过多年的实践探索,珠江三角洲地区农村已经基本实现农业农村现代化,全省农业机械化水平不断得到提高,农业综合生产能力和市场竞争能力得到全面增强,先后涌现出"高州荔枝""徐闻菠萝""德庆贡柑"等具有全国影响力的农产品品牌。同时,在品牌效应的带动下,以农业合作社为核心的村级集体经济逐年增长,成为具有推进社会主义新农村建设、维护、管理和持续发展能力的坚强堡垒。此外,在推动农业高效发展中,各地愈发重视农业关键技术攻关,投入大量资金进行关键技术自主创新、高新农业技术研发,推动农业发展中的科技含量不断得到提高，清远英德红茶得益于科技创新，得以不断研发新品种，在茶叶市场中占据了重要地位。二是农村民主管理进一步规范。在实践中，广东完善村主任选举办法和村党支部书记任命方式，使得基层党组织的战斗堡垒作用得以发挥，村级基层党组织深刻领会党中央大政方针的精神，强化农村基层党风廉政建设，使得农村党组织建设不断增强，梅县雁洋镇南福村党支部、江门市蓬江区仓后街范罗岗社区党总支、四会市贞山街道独岗村党支部等农村党支部先后获评全国先进基层党组织，为农村基层党建树立了榜样。随着基层群众自治参与程度不断提高，农民的权利意识不断增强，开始自觉地依法履行法定义务，正确行使法定权利，能够在民主选举、民主决策、民主管理、民主监督中有效行使自身权利，推动基层民主得到进一步发展。三是农村文化水平得到进一步提升。在国家大力推进基础教育的东风下，广东凭借自身优势，大力推动基础教育发展走在全国前列。广东先后投入大量财政资金，完善农村义务教育经费保障机制、支持农村学校改善办学环境、提高农村教师待遇，推动农村教育得到极大发展。截至2010年，广东农村小学适龄儿童毛入学率和初中毛入学率达到100%，高中阶段的毛入学率则达到80%，各项数据指标均优于全国平均水平。在狠抓基础教育的同时，省委省政府以更大的力度实施文化、科技、卫生"三下乡"工程，在于全国率先实现了全省村村通广播电视的目标基础上，继续投入专项资金实施农村电影放映工程，积极开展群众喜闻乐见的文体活动，丰富人民群众的精神世界。此外，广东省委省政府以创建文明家庭、文明村、文明镇为抓手，在农村广泛开展"除陋习、树新风"活动，使得农村精神文明创建活动进一步深化。

（三）人民群众获得感、幸福感不断增强

党的十六大以来，党中央在大力推动社会发展的同时，将完善社会保

障制度作为构建社会主义和谐社会的重要抓手加以推进，先后于2003年开始在全国试点新型农村合作医疗制度、2007年印发《关于在全国建立农村最低生活保障制度的通知》，2010年全面实行新型农村养老保险，有效推动了社会和谐稳定。广东省委省政府按照党中央决策部署，在推动县域经济实现百花齐放、社会主义新农村建设广泛开展的过程中，深入贯彻以人为本的科学发展观，在推动经济不断取得新成效的同时，也使得人民群众的获得感、幸福感不断增强。

一是居民收入迈上新台阶。党的十六大以后，依靠生产发展、就业稳定的优势，广东居民收入实现快速增长。2012年广东城镇居民人均可支配收入达到26981元，比2000年增长了1.8倍，年均增长9.1%。同时，在"以工促农、以城带乡"政策引领下，以及随着一系列惠农政策的出台，农村居民收入打破多年的徘徊局面，逐渐步入良性增长的历史时期。2012年广东农村居民人均可支配收入达到9999元，比2000年增长了1.8倍，年均增长8.9%。进入新世纪新阶段，广东城乡居民生活水平快速提高，全面小康建设全面展开，人民群众生活水平实现了又一次跨越。二是农村消费潜力进一步挖掘。随着农村居民收入的不断增加，农村的用电量、社会消费品总额开始逐年攀升，并且呈现出超越城镇的新趋势。同时，在"家电下乡"等有利政策的感召下，广大农村居民抓住机会，纷纷采购冰箱、电视机、洗衣机等家电，积极改善家庭生活条件。三是社会保障水平不断提高。在健全城市社会保障的基础上，广东全面实行农村合作医疗由县级统筹，大力推进新型农村合作医疗，使得农村参保人数达到农村人口的85%以上。针对农村中的困难群体，省委省政府不断完善"五保户"供养机制和最低生活保障制度，有效地解决了农民生活当中的"后顾之忧"。此外，广东在与全国同步取消农业税的同时，采取有效措施，进一步深化国有农场税费改革，进一步减轻农场职工的税费负担。四是农村整体风貌发生变化。

党的十六大以来，广东省委省政府投入大量资金保障城乡水利防灾减灾工程建设、农村基础设施建设。在一系列有利政策的出台下，广东全省农村不仅实现了农田基本建设不断增强、联通建制村硬化公路的目标，还实现了通电、通邮、通电视电话的目标，并且加大农村客运汽车的投入力度。同时，省委省政府从解决农村生活的小事做起，不断提升农村居民的幸福感。十年间，先后实施农村生活用水质量全面达标、农村危房改造等工程，使得自来水的覆盖率在农村达到85%以上，农村生活安全得到进一步提高，生活污水、生活垃圾得到有效处理，原来"脏、乱、差"的农村逐渐变为了美丽乡村。

▼▲ 三 城乡发展步入高质量发展阶段

党的十八大以来，以习近平同志为核心的党中央统筹中华民族伟大复兴战略全局和世界百年未有之大变局，团结带领全党全国各族人民统筹推进"五位一体"总体布局、协调推进"四个全面"战略布局，万众一心战贫困、促改革、抗疫情、谋发展，党和国家事业取得历史性成就、发生历史性变革，在中华大地上全面建成小康社会，实现了中华民族千百年来的夙愿。广东作为改革开放的排头兵、先行地、实验区，在我国改革开放和社会主义现代化建设大局中具有十分重要的地位和作用，在全面建成小康社会中作表率、起示范责无旁贷。党的十八大以来，广东省委省政府全面准确贯彻党中央各项决策部署，持续拓展农村社会经济发展成果，系统推进美丽乡村建设，推动农业实现较快增长，农村人居环境获得极大改善，乡村面貌焕然一新，城乡收入差距进一步缩小，农民生活质量显著提升。

（一）城乡区域协调发展向纵深推进

党的十八大以来，习近平总书记对广东提高发展的平衡性和协调性提出明确要求，强调"广东要下功夫解决区域发展不平衡问题，加快推进交通等基础设施的区域互联互通，带动和推进粤东、粤西、粤北地区更好承接珠三角地区的产业有序转移。要加强陆海统筹、山海互济，强化港产城整体布局，加强海洋生态保护，全面建设海洋强省"[①]。广东省委省政府坚决贯彻习近平总书记的重要要求，在加快补齐农村发展短板的同时，采取有效措施激发区域协调发展活力，努力把发展不平衡不充分的"短板"转变为"潜力板"，更好地推动高质量发展。

一是破解城乡融合发展难题，推动城乡协调发展。2020年5月，广东省委省政府出台《广东省建立健全城乡融合发展体制机制和政策体系的若干措施》，提出十九条措施促进城乡融合发展。强化以工补农、以城带乡，城乡融合，全面推进乡村"五个振兴"。在实践中，广东充分发挥先行地的优势，以广州、深圳的发展带动其他区域的协调发展，以建设深汕特别合作区、南海广东省城乡融合发展改革创新实验区、国家城乡融合发展试验区广清接合片区的建设为引领，探索融合发展新路径。在实践中，这些举措一方面解决了广州深圳等超大型城市面临的空间、土地、人才等资源制约问题，另一方面又通过产业转移带动周边地区的发展。在推动城镇发展中，广东以推进城乡基本公共服务均等化改革试点为契机，将扩大常住人口基本公共服务覆盖面作为推动城乡融合发展的着力点。一方面，广东省委省政府出台《关于统筹推进县域内城乡义务教育一体化改革发展的实施意见》，统筹城乡教育资源，加快缩小城乡教育差距。另一方面，

---

① 《坚定不移全面深化改革扩大高水平对外开放　在推进中国式现代化建设中走在前列》，《人民日报》2023年4月14日。

有序推进农业转移人口市民化，促进农民持续增收。经过多年的持续努力，广东基本公共服务均等化水平大幅提升。截至目前，广东已形成覆盖十大领域共104个项目的基本公共服务体系。在此基础上，广东省委省政府以加快县城和重点镇建设为重点，深入开展名镇、名村、示范村建设工程。为此，广东省委省政府先后出台《关于全域推进农村人居环境整治建设生态宜居美丽乡村的实施方案》等政策文件，着力补齐农村集中供水、污水治理、厕所革命等短板。以垃圾收集处理为例，经过多年的持续努力，广东全省范围内在运行的镇级垃圾转运站达1538座，"村收集，镇转运，县处理"的收运处置体系基本实现全覆盖。

二是新型城镇化体制机制不断完善。党的十八大以来，广东省委省政府先后出台《关于促进新型城镇化发展的意见》《广东省新型城镇化规划（2016—2020年）》《广东省新型城镇化规划（2021—2035年）》等文件，对促进大中小城市和小城镇协调发展作出详细安排部署。在实践中，广东在提高城市管理科学化水平、加强历史文化街区和历史建筑保护、完善建制镇总体规划编制、提升城市基础设施和公共服务水平等方面取得了显著成效。首先，广东充分发挥示范先行的优势。结合广东本地实际，以珠海、潮州两个地级市，广州市番禺区、汕头市濠江区、韶关南雄市、茂名高州市、云浮罗定市等5个县区，韶关乐昌市坪石镇、梅州市梅县区雁洋镇、东莞市清溪镇、中山市小榄镇、江门开平市赤坎镇、阳江市阳东区东平镇、茂名市电白区沙琅镇、肇庆四会市大沙镇、清远市佛冈县汤塘镇、云浮市郁南县平台镇等10个建制镇作为新型城镇化综合试点，围绕破解农业转移人口融入城市难、城镇土地利用粗放低效、城镇空间结构不合理、城镇化资金保障不到位等问题先行先试，积极探索新型城镇化发展的广东路径。同时又以"一张蓝图"工程、产城融合项目、城市更新项目、绿色建设项目、美丽小镇项目、骑楼城市项目、智慧城乡项目、城市"良心"工程、记忆岭南项目、公园体系项目等十项重点工程为抓手，启动专项试点建设工程，以提高城镇化发展质量为关键环节，为全省新型城镇化发展探路。经过不断努力，近些年来广东累计实现1330.4万非户籍人口在城市落户，并且全省异地务工随迁子女入读公办义务教育学校占总数比例超过69.5%，全省常住人口社保卡持卡率98.95%，总量居全国首位，有效促进了新型城镇化的进程。三是精准扶贫衔接乡村振兴，夯实全面建设社会主义现代化国家的基础。党的十八大以来，广东创新建立"1+N"精准扶贫精准脱贫政策体系，将2277个相对贫困村纳入新农村建设范围，先后投入1300亿元，高质量做好扶贫工作。至2020年底，161.5万相对贫困人口全部达到脱贫标准。2021年广东全面实施乡村振兴驻镇帮镇扶村工程，创新"党政机关+企事业单位+科技力量+志愿者+金融助理"组团式"一对一"结对帮扶机制，有力推进全省1127个乡镇、近两万个行政村全面振兴。

（二）农业工作实现跨越式发展

小康，是中华民族孜孜以求的梦想和夙愿。千百年来，中国人民一直对小康怀有割舍不断的情愫。从"民亦劳止，汔可小康"，到"久困于穷，冀以小康"再到"安得广厦千万间，大庇天下寒士俱欢颜"，这些动人的诗句背后都寄托着中国人民对小康社会的恒久期盼。党的十八大以来，在全面建成小康社会决胜阶段的历史性时刻，广东省委省政府创新发展方式，不断推动农业实现高质量发展，为全面建成小康社会奠定了坚实的物质基础。

一是农业经济实力不断增强，产业竞争力不断提高。党的十八大以来，广东抓住党中央高度重视"三农"工作的历史性机遇，拾级而上，在守好安全底线的同时推动农业发展。广东作为全国第一大粮食主销区、经济第一大省，从做到"两个维护"的高度，将保证农业安全作为政治任务，深入实施藏粮于地、藏粮于技战略，全面保护和调动农民的积极性，从而端牢粮食饭碗。一方面，广东省委省政府把确保粮食和重要农产品供给作为主要抓手，推动农业总产量连年迈上新台阶。从总量上看，党的十八大以来，广东农业经济总产值连续跨越5000亿元、6000亿元、7000亿元关口，并于2021年首次突破8000亿元，达8305.84亿元，是2012年的1.4倍，2013—2021年年均增长3.7%。从具体产品上看，广东在"米袋子""菜篮子""果盘子"方面的供应能力连年增强，主要农作物产量比2012年有巨大提升。从农业结构上看，随着农业供给侧结构性改革的不断推进，新型经营主体不断壮大，新业态不断涌现，农业规模化和产业化水平持续提高，农林牧渔专业及辅助性活动加快发展壮大，有效推动农林牧渔业发展，使得农业结构更加均衡。另一方面，广东省委省政府将提高农业发展质量作为重要方式，推动农业发展质量不断取得新突破。在制定《关于进一步加强和改进耕地保护工作的若干措施》《广东省农田整治提升行动方案（2021—2025年）》等措施的基础上不断压实耕地保护责任。同时，广东又把高标准农田建设作为重要内容加以推进，不断提高农田建设标准和质量。截至2021年底，广东已建成高标准农田2519万亩，建成后的高标准农田，亩均粮食产能增加10%至20%，农业发展质量实现跨越式提升。此外，广东还将强化科技支撑作为端稳饭碗的"杀手锏"，投入大量资金推动农业创新发展，积极推进农业种子攻关，在优质稻等领域的育种水平实现了全国领先，展现了广东力量。

二是农业产业体系提档升级，构建现代化农业产业体系。在实践中，广东紧紧围绕农业大而不强这个突出问题，把"一县一园、一镇一业、一村一品"作为加快农业现代化的重要载体和抓手，从着力解决规模小、布局散、链条短，品种、品质、品牌水平偏低等方面入手，推动农业产业现代化发展。一方面,广东省委省政府以"一县一园"为抓手,将产业园建设作为全局性、战略性任务加以推进,通过明确主体责任、加强顶层设计的方式,不断调动各方参与产业园区建设的积极性。在政策的扶持下,全省先后创建18个国家级、235个省级现代农业产业园,辐射带动农民就业创业超过150万人,其中"新会陈皮产业园""大埔蜜柚产业园"等一批具有鲜明地方特色的产业园区开始形成,并取得了良好的经济效益,充分展现了农业产业深加工的巨大潜力。另一方面,广东省委省政府通过整合筹措财政资金的方式,同步推进"一镇一业""一村一品"的项目。在资金的支持下和各方的共同努力下,荔枝、龙眼、香蕉、菠萝、芒果、南药等独具广东特色的农业产业开始得到快速发展,并带动70多万农户参与其中,推动农民可支配收入不断增长,真正实现了产业兴、民生旺的目标。

(三)农民生活水平不断提高

党的十八大以来,广东省委省政府始终坚持以人民为中心的发展思想,在推动农业实力不断得到增强的同时,始终千方百计拓展农民就业渠道、增加农民收入,实实在在提高农民的获得感、幸福感。经过多年的不懈努力,广东在提高农民可支配收入、缩小城乡居民收入差距方面取得显著进步。

一是农民收入不断提高,城乡差距不断缩小。在2021年,全省农村居民人均可支配收入22306元,同比增长10.7%,八年间年均名义增长9.2%。十年间,城乡居民收入比由2012年的2.70∶1缩小至2021年的2.46∶1,发展的平衡性进一步增强。二是农村居民消费水平不断提高,家庭恩格尔系数持续下降。2021年,广东农村居民人均消费支出首次突破两万元,达到20012元,2013—2021年年均实际增长8.5%,比城镇居民人均消费支出年均增速高3.9个百分点,农村居民消费支出增速明显快于城镇。农村居民家庭恩格尔系数从2012年的49.1%下降至2021年的39.3%。农民生活水平不断提升，消费实现升级优化。三是广东农村居民居住条件更加宽松，家庭平均每百户空调、家用电脑、家用汽车等新耐用消费品拥有量快速攀升。2021年末，广东农村人均住房建筑面积达50.14平方米；平均每百户空调、家用电脑和家用汽车拥有量为173.09台、36.02台和31.84辆，分别比2012年增长213.1%、13.7%和382.4%。

在农民收入不断增长的同时，美丽乡村建设也在同步展开。党的十八大以来，广东久久为功、先试点示范、后全域创建，举全省之力全域推进农村人居环境综合整治，建设美丽乡村。十年间，广东省委省政府先后出台《关于2277个省定贫困村创建社会主义新农村示范村的实施方案》《关于全域推进农村人居环境整治建设生态宜居美丽乡村的实施方案》等方案，以实施省级新农村连片示范工程、2277个省定贫困村创建社会主义新农村示范村、"一十百千"美丽乡村示范创建工程等项目为抓手，不断推进美丽乡村建设。在实践中，广东通过建立政府主导、村民参与、社会支持的多元筹措资金保障机制，开展"千企帮千镇、万企兴万村"行动等方式，积极引导企业参与乡村建设，为打造广东人居环境治理的"样板"和"标兵"作出贡献。经过不断探索，农村村容村貌取得显著变化。一是农村人居环境明显改善。在实践中，广东省委、省政府将农村环境保护摆到更加重要的位置，通过出台一系列的农村环境保护实施意见、行动计划等，加大环保资金投入，加大农村生活垃圾治理力度，强化农村生活污水治理效果，使得农村居住环境得到有效改善。2021年底，全省99.7%的村（含涉农居委会）生活垃圾全部或部分集中处理，80.6%的村（含涉农居委会）生活污水全部或部分集中处理，90.7%的村（含涉农居委会）有公共厕所。二是美丽乡村建设卓有成效。各级政府不断加大社会主义新农村、美丽乡村等建设项目的宣传和扶持力度，充分调动广大农村居民参与村容村貌整治的积极性、主动性，推动村容村貌不断得到改善。截至2021年底，全省1239个行政村及6763个自然村整村完成存量农房微改造，清拆破旧泥砖房322万间，清理整治私搭乱建、乱堆乱放、残垣断壁1.3亿余处，拆除违规建设田间窝棚16万余间，因地制宜打造"四小园"67万余个。与此同时，广东省委省政府不断推进特色精品村、美丽宜居村等项目建设，先后涌现出韶关南雄市乌迳镇田心村、梅州市梅县区雁洋镇雁上村、大坪村、塘心村、阴那村、南福村等为代表的示范村、示范带，有力推进了美丽乡村建设进程。截至2021年，广东全省自然村创建成特色精品村、美丽宜居村分别达到1316个、12214个；570多条美丽乡村精品旅游线路，42个村庄入选全国乡村旅游重点村，美丽乡村建设初见成效。

经过改革开放40多年的实践特别是党的十八大以来的实践探索，广东省委省政府带领全省人民认真贯彻党中央各项决策部署，锐意进取，真抓实干，推动广东城乡发展取得历史性成就、发生历史性变革。展望未来，党的二十大擘画了以中国式现代化全面推进中华民族伟大复兴的宏伟蓝图，百县千镇万村高质量发展工程作为广东省委省政府落实习近平总书记和党中央要求、推进区域协调发展的头号工程，必将为广东在推进中国式现代化建设中走在前列作出新的更大贡献。

第三章

塑造县城内生动力，推动县域
高质量发展

一 县域高质量发展的现状与挑战

（一）产业发展

近年来，广东省坚持以习近平新时代中国特色社会主义思想为指导，坚决贯彻党的二十大精神和习近平总书记重要指示，坚持把发展经济的着力点放在实体经济上，推进新型工业化，充分认识坚持制造业当家的重要意义，切实增强加快推动制造业高质量发展、建设现代化产业体系的紧迫感、责任感、使命感，保持战略定力，系统谋划、统筹推进，持续优化制造业在全县经济社会发展中的地位，把制造业做优做强，现将制造业情况分析如下。

作为"制造强省"，广东省是我国工业发展的排头兵。2015年以来制造业增加值持续占据工业的90%以上。广东省统计局数据显示，2022年广东省规模以上工业增加值为3.95万亿元，总量逼近四万亿元大关，同比增长1.6%，占全省生产总值31%，制造业支撑作用明显。"十四五"以来，广东省加快做大做强制造业家当，先进制造业、高技术制造业投资提速明显，2022年先进制造业和高技术制造业增加值分别占规上工业增加值比重的55.1%和29.9%，增速远高于规模以上工业增加值同比增速。

主导产业发展势头良好。在推进"制造业当家"过程中，广东省始终紧紧抓住制造业这个"牛鼻子"！2023年9月26日，广东省十四届人大常委会第五次会议听取了《广东省人民政府关于推动广东省制造业高质量发展工作情况的报告》（以下简称《报告》）。《报告》显示，截至目前，广东省累计推动2.75万家规上工业企业数字化转型，100多个项目入选国家级制造业数字化和工业互联网标杆示范，数量及示范效应均居全国第一；全省高新技术企业累计达6.9万家，占全国1/6，连续7年全国第一，研发人员数量、发明专利有效量等指标均居全国首位。

1. 广东省累计推动2.75万家规上工业企业数字化转型

制造业既是广东省深厚的"家当"，也是广东省高质量发展的"利器"。广东省工业和信息化厅厅长涂高坤介绍，2023年，广东省全面落实《关于高质量建设制造强省的意见》（简称"制造业当家22条"）各项措施，2023年1—8月，全省规上工业增加值同比增长2.9%；工业投资同比增长22.9%，连续32个月保持2位数增长，其中工业技改投资同比增长20.2%，全省制造业发展继续保持良好势头。

制造业高质量发展，离不开"大产业"立柱架梁。据介绍，广东省持续抢占产业发展先机，培育壮大千亿万亿级产业集群，2023年上半年，全省战略性产业集群同比增长3.5%，其中战略性新兴产业集群增加值增长9.8%，呈蓬勃发展态势。

2. 工业技改投资增速为五年来最高

为了吸引更多高质量产业聚集，广东省不断栽下产业"金梧桐"，一批"万亩千亿"园区，为产业提级赋能提供了广阔的发展载体。

数据显示，2023年1—8月，96个省产业园实现规上工业增加值3454亿元，同比分别增长4.9%。布局建设40家省级制造业创新中心，获批4家国家级制造业创新中心，数量位居全国第一。建成国家产业技术基础公共服务平台25个，数量位居全国前列。大平台吸引大项目，1—8月，广东省工业企业投资跃增，共引导推动6687家工业企业开展技术改造，工业技改投资增速为五年来最高。制造业专项指挥部制造业重点项目完成年度计划投资79.7%，超时序进度13个百分点。此外，上半年全省制造业实际利用外资增长43.9%。[①]

在实施"大企业"培优增效行动方面，广东省也有诸多亮点。涂高坤介绍，目前，广东省累计培育国家级制造业单项冠军132家，专精特新"小巨人"企业1534家，跃居全国第一。

3. 广东省制造业的"全国第一"

累计培育国家级制造业单项冠军132家，专精特新"小巨人"企业1534家，跃居全国第一；全省高新技术企业累计达6.9万家，占全国1/6，连续7年全国第一；研发人员数量、发明专利有效量等指标均居全国首位；培育专业技术人才超800万人，46所技工院校纳入全国技工院校工学一体化第一阶段建设院校及建设专业名单，数量居全国第一；布局建设40家省级制造业创新中心，获批4家国家级制造业创新中心，数量居全国第一。

（二）城镇建设

城镇是联城带村的重要节点，也是城乡区域协调发展的重要抓手。历年来，广东省一体化提升典型镇品质，做优人居环境，实现垃圾收运处置体系、生活污水处理设施、公共厕所全覆盖，洁化、绿化、美化水平不断提升。同时，做优基础设施和公共服务，推动骨干交通网向乡镇覆盖，加快5G网络等新型基础设施建设。

全省还广泛推动社会力量参与。广东省深入推进建筑业企业结对帮扶，建立企业名录和帮扶项目清单。同时，按"实施一批、谋划一批、储备一批"原则，建立动态调整的乡镇建设项目库。水环境是人居环境的重要内容，比如人和镇，位于广州市北部，常住人口21万，村民自建房6.52

[①] 资料来源：广东省统计局、国家统计局广东调查总队共同发布《2022年广东省国民经济和社会发展统计公报》。

万栋。目前全镇建成污水管网900公里、3年增长6倍，21个村全部接入城镇污水处理系统，污水治理率达100%，辖内29条河涌全部消除劣Ⅴ类。针对污水收集难、处理难等问题，人和镇一方面坚持源头截污，制定"一村一策"治理方案、"一户一策"接管方式，实现6.52万栋村民自建房污水100%收集、处理。另一方面，坚持源头减污，整治"散乱污"场所、拆除涌边违建等，曾经的小作坊蝶变成小公园。

经过改革，城镇建设发生积极变化。第一，有效实现执法重心下移。广东省2021年综合行政执法改革，明确了乡镇执法主体地位。各镇（街道）依法行使行政处罚权与行政强制权，将相关行政执法权限赋予乡镇和街道后，合理界定县乡两级执法事项，避免出现多头执法、交叉执法、重复检查、执法空档等现象。第二，有效建立协调联动机制。粤东西北县域为切实加强与镇街协调联动，健全完善工作机制，形成工作合力，建立健全信息沟通制度，做到信息共享，明确执法工作重点和要求，确保有关法律法规和政策严格执行。第三，有效提升镇街执法水平。为各镇（街道）做好执法职权下发工作，提高镇街综合执法水平，确保各镇街执法队伍能够接得住，管得好，广东省政法部门组织开展违法建设执法专题培训，就违法建设查处方式、执法文书样式等内容做了详细讲解。通过综合运用具体案例，理论联系实际对违法建设行政处罚全过程进行细致解析，进一步提升了各镇街执法人员的执法水平。同时，主动与各镇街执法人员进行业务沟通与指导，积极解决各镇街在承接执法职权下放中存在的业务盲区，确保执法事项顺利承接。

（三）公共服务设施

2022年以来，广东省始终坚持以习近平新时代中国特色社会主义思想为引领，全面贯彻落实党的十九大、二十大精神和国家、省、市、县关于乡村振兴工作的相关部署，高标准、严要求抓实抓细抓好各项乡村振兴工作任务，乡村教育振兴措施得力、成效显著，为推进乡村全面振兴作出了应有的贡献。

全力改善办学条件，基础设施建设实现"新突破"。一是加强乡镇寄宿制学校及县城学位建设。继续推进改薄提升项目工作，以湛江市遂溪县为例，现已累计完成投入约1.09亿元，已完成20个设备采购项目，成功配置一批学生用床、饭堂厨具餐具及新中考考点设备等设施；已完成18个改造维修项目，改造了运动场、饭堂、供电设备等；已完工13个校舍新建项目，其余5个项目正有序建设中，乡镇寄宿制学校的办学条件得到有效改善。加大力度继续推进遂城第十三小学建设，规划建筑面积约21500平方米，规划学位约2000个，预计2023年8月底建成并投入使用。二是扎实推进乡镇幼儿园建设。广东省遂溪县借助政府专项债券资金的东风，积极开展乡镇学前教育综合提升项目。项目总建筑面积约54413平方米，总投资3.5亿元。三是圆满完成2022年中小学"厕所革命"工作任务。遂溪县厕所改造涉及199所中小学校，共改造2907个不达标厕所蹲位和拆除、重建旱厕一间，共投入约887.4万元，已全部完成任务，切实解决了大部分学校旱厕或沟槽式厕所问题，使农村学校环境卫生条件得到有效改善。

优化人才培养策略，师资队伍建设取得"新成效"。一是加快补充农村学校紧缺学科教师。历年来，广东省以县为单位面向社会公开招聘教育系统专业技术人员（教师），乡村教师紧缺矛盾得到大大缓解。二是实施"县管校聘"改革。建立城乡教师交流轮岗工作机制，加强教师流动，极大调动教师工作的积极性。三是抓好教师培训工作。相继开展了网络专题培训、小学及幼儿园教师职务培训（专业课）等多种线上线下培训，切实提升了农村教师的教育教学水平。四是按期发放农村学校教师生活补助。实施农村学校教师生活补助的发放工作，按期核发农村学校教师生活补助。五是做好东西部教育协作，选派优秀教师到粤西支教，开展教育教学协作交流和教育结对帮扶工作。

推进教育优质均衡发展，学前教育普及普惠再上"新高度"。一是加大学前教育普惠资源供给。加大公办幼儿园建设力度，制定新一轮公办幼儿园新建、改扩建计划，加大人口密集区域公办学位供给。积极引导和鼓励社会力量创办普惠性幼儿园，完善对普惠性民办园的认定、管理和财政补助标准。二是积极推进国家学前教育普及普惠县创建工作。全面推进学前教育普惠提质，努力建成公益普惠、布局合理、资源充足、质量保证的学前教育公共服务体系，实现学前教育发展水平整体跃升。三是全力做好控辍保学。精准摸排辍学情况，加强宣传教育与家校联系，督促父母或其他法定监护人依法送适龄儿童少年入学并完成义务教育，对未入读的适龄儿童，就近安排入学；已入学后辍学的，动员其返校复学；属残疾适龄儿童的，安排入读特殊教育学校，确保疑似失学辍学学生常态清零。

在医疗保障方面，广东省完善经办大厅、服务窗口的标识指引，设置业务指南、填表样例等模板，让群众对办理业务全流程一目了然。全面落实《全省医疗保障经办政务服务事项清单（2022版）》、公示办事指南（事项名称、事项编码、办理材料、办理时限、办理环节、服务标准等），规范医疗保障服务流程，严格依法行政，让确需现场办理的业务基本实现"只进一扇门"，力争"最多跑一次"，落实"进一扇门、取一个号、一窗通办、一站服务、一次办好"的综合柜员制服务模式，加快推动医保服务标准化、规范化、便利化。此外，通过加强经办窗口积极将医保工作各项服务事项推送到互联网终端和移动终端，推行"网上办""掌上办""电话办"等多种办理方式，规范服务方式，全面梳理办理医保事项精简材料和堵点问题，做到精简材料清单和一次性告知。广东省积极推进医保支付方式改革，制定定点医疗机构基本医疗保险按病种分值付费月预结算预付款实施方案，及时将国家、省、市相关的医疗保障政策贯彻落实下去。

以广东省湛江市遂溪县为例，2022年度定点医疗机构协议签订工作已经完成（其中城乡居民医保定点医疗机构28间，城镇职工医保定点医疗机构16间）。另外，根据市局有关文件精神，积极推动紧密型县域医共体建设，以县人民医院为龙头，整合县中医医院、县妇幼保健计划生育服务中心，以19间乡镇卫生院、3间街道社区卫生服务中心及343间村卫生站等单位为神经末梢，推动优质医疗卫生服务向基层延伸。

▼二 推动县域高质量发展的核心举措

（一）引导县域差异化发展

广东省实现高质量发展的突出短板在县、薄弱环节在镇、最艰巨最繁重的任务在农村。大力实施"百县千镇万村高质量发展工程"需要壮大县域综合实力，全面推进乡村振兴，加快把县镇村发展的短板转化为高质量发展的"潜力板"。

县域一头连着城市，一头辐射着乡村，是扭住扩大内需战略基点、畅通国民经济循环的重要抓手，也是推动乡村振兴、实现城乡融合发展的关键支撑。

数据显示，截至2021年，广东省有20个县级市、34个县、3个自治县，共122个县级行政区划单位（包括65个市辖区），如何壮大县域综合实力？如何把乡镇建成服务农民的区域中心？如何全面推进乡村振兴？在2023年2月13日举行的广东省委农村工作会议暨全面推进"百县千镇万村高质量发展工程"促进城乡区域协调发展动员大会上，广东省部分市县镇村、省直单位负责人及企业经营者代表亮承诺、定目标、展信心，为全面推进"百县千镇万村高质量发展工程"，促进城乡区域协调发展注入强劲动力。会议指出，引导县域差异化发展，立足各县域发展基础、资源禀赋和比较优势，要引导其各展所长，差异化、特色化发展，对全省122个县（市、区）进行科学分类，制定差异化发展目标、支持政策和工作任务。

在引导县域差异化发展方面，一是要根据各区（市）资源禀赋和发展基础，为各地精准"画像"、精确定位，推动各地围绕定位谋项目、定政策、抓落实，最大限度激发发展潜力。二是要巩固农业"千亿级"产业地位，着力推动"五棵树一条鱼一桌菜"特色产业全链发展，打造荔枝、化橘红、罗非鱼等百亿级产业集群，让农民有活干、有钱赚，以特色产业兴县、强镇、富村。同时，推动县域承接产业有序转移，增强县域造血功能。通过强化考核、以奖促优，激发各地拿出奋勇争先、赛龙夺锦的劲头，打造一批高水平的产业转移承接载体，支持各县做大做强1—2个特色优势产业集群。

（二）发展壮大县域经济

加强产业研究，推进产业集聚发展。广东省湛江市遂溪县围绕主导产业培育大力推进产业招商，密切关注国家产业政策和资金投入导向，以围绕一个主城区、打造三大特色片区为契机，以六大园区定位为抓手，对标粤港澳大湾区先进制造业重点领域及海南自由贸易港重点产业，大力招引一批税收贡献高、科技含量高、产业关联度高的项目，大力推进产业集聚发展。着力推进中建材（湛江）博大光伏湛江新能源产业园项目、浙江运达风电股份有限公司零碳南方总部基地项目，并引进一批相关产业项目，打造新能源产业生态圈；积极推动滨海新区结合遂溪红色文化、醒狮文化、民俗文化等资源打造精品文旅项目等。

高位推动，拓宽招商渠道。坚持实行高位招商，精准定位，实现由"招商引资"向"招商选资"转变，建立与各商会、各协会、第三方招商交流的信息平台，明确目标企业，主动上门对接。市县一级主要领导多次率领招商队伍赴海南、安徽、长沙、青岛等地开展招商洽谈考察活动，成功对接了中建材凯盛集团、万洋集团、浙江运达风电股份有限公司、杭萧钢构、上海麦金地集团等知名企业。

强化以商招商。围绕既有产业链谋划项目，不断充实项目库。不断加强与各地商会、侨亲乡贤的沟通联系，通过积极参加招商引资洽谈会、项目推介会、开展外出招商引资活动等方式，鼓励乡贤回乡投资，鼓励已落地企业、乡贤企业利用业务渠道、人脉资源，引进合作企业和上下游配套企业来遂投资，形成引进一个、带来一批的联动效应，加快产业集聚。

优化服务。落实县营商环境提升年行动措施，对企业实行全程"保姆式"跟踪服务，充分利用投资审批绿色通道，推行项目全程帮办代办服务，积极协调解决项目建设中遇到的困难和问题，有效加快了项目落地进程。

为推动县域经济发展，可以围绕以下方面做大做强。一是创新打造"产业链+"立体化模式，提升产业集群竞争力。加强推进工业、农业产业化、旅游产业和现代服务业发展等产业强链、补链、延链，引进更多优质项目落地，努力打造新的经济增长点。围绕县域产业集群发展谋划，做好延链、补链、强链文章，充分发挥"链主"企业的引领支撑作用，开展精准招商、以商引商。二是增强产业园区承载力，完善配套设施建设。优化完善园区重点产业发展规划，提升产业园区承载力，着力拓展园区发展空间，开展闲置建设用地、工业低效土地"全域治理"，提升土地节约集约利用水平，加快园区转型升级步伐，完善园区功能，加快园区供水、排污、供电、道路等基础设施建设，确保净地供应达到"三通一平"标准，增强园区承载力，为提升承接产业转移能力奠定良好的基础，为项目落户创造良好条件。三是强化落实责任，加快推进项目落地。对已准入的项目制定项目推进倒排工期表，明确责任分工，协助企业做好项目立项、用地、节能审查、环境影响评估、报建等工作。及时解决项目签约、开工、竣工和投产过程中的难点堵点，切实做好项目建设中的即时服务、项目投产后的跟踪服务，推动项目快落地、早开工、早见效，实现重点项目"签约即落地、拿地即开工"。四是优化服务工作机制，营造浓厚招商氛围。强化招商"一盘棋"思想，进一步明确各招商主体的职责定位，加强统筹协调、资源共享、分工协作和督促考核，加快解决项目落地过程中的困难和问题，确保项目高效推进。对已经入驻的企业要善待，继续搞好服务，创造良好的政务、法制、舆论环境，提高办事效率，加强要素保障，着力打造政策服务的"高地"、发展成本的"洼地"，掀起招商引资新热潮。

（三）推进城镇化建设

围绕公共服务、环境、市政、产业配套等设施提质升级，推进以县城为重要载体的城镇化建设。增强乡镇综合服务功能，建强中心镇专业镇特色镇，建设美丽圩镇。发展城乡学校共同体、紧密型医共体、养老服务联合体，推动城乡基本公共服务逐步实现标准统一、制度并轨。

2023年9月13日，为贯彻落实中共中央办公厅、国务院办公厅印发《关于推进以县城为重要载体的城镇化建设的意见》的通知精神，提升广东省县城发展质量，以县城为重要切入点推进城乡融合和区域协调发展，中共广东省委办公厅、广东省人民政府办公厅印发《关于推进以县城为重要载体的城镇化建设的若干措施》并发出通知，要求坚持以习近平新时代中国特色社会主义思想为指导，全面贯彻党的二十大精神，深入贯彻习近平总书记对广东省系列重要讲话和重要指示精神，坚持以人为核心推进新型城镇化，尊重县城发展规律，统筹县城生产、生活、生态、安全需要，深入实施"百县千镇万村高质量发展工程"，因地制宜补齐县城短板弱项，促进县城产业配套设施提质增效、市政公用设施提档升级、公共服务设施提标扩面、环境基础设施提级扩能，增强县城综合承载能力，更好满足农民到县城就业安家需求和县城居民生产生活需要，为广东省实施扩大内需战略、协同推进新型城镇化和乡村振兴提供有力支撑。

1. 培育发展特色优势产业，增强县域经济发展内生动力

一是增强县城产业支撑能力。按照主体功能定位，依托资源禀赋和产业基础，优化县域产业布局，推动产业向县城有序转移，各县因地制宜重点发展1—2个特色产业集群。推进重大产业、战略性新兴产业向环珠三角和沿海经济带县域布局，推动北部生态发展区县域产业绿色发展。巩固粮食安全生产基础，推动位于农产品主产区内的县城集聚发展二三产业，实施农产品加工业提升行动，培育"地理标志"产品、名特优新农产品区域公用品牌，发展生产托管、农资供应、技术集成、农产品营销等农业生产性服务业。二是提升产业平台功能。推进县域内各类开发区、产业集聚区、产业园及返乡创业园等平台整合升级，鼓励资源环境承载力弱的县联合共建产业园区。支持国家级高新区、经济技术开发区托管联办县域产业园区。推动园区数字化改造，鼓励引进孵化器、众创空间等创新平台。健全标准厂房、通用基础制造装备、共性技术研发仪器设备、质量基础设施、仓储集散回收设施。支持东源县城产业转型升级示范园区建设。三是完善消费和商贸流通设施。推进县城商业步行街、地方特色街区升级改造，发展新型文旅商业消费集聚区。完善消费服务中心、智能引导系统、电子商务设施，建设多功能展示交易公用空间。推动县城公共仓配中心和冷链配套设施建设，发展县域物流共同配送、集中配送，鼓励社会力量布设智能快递箱。完善游客服务中心、旅游道路、旅游厕所和旅游景区停车场等配套设施。四是强化职业技能培训。开展战略性产业集群工人和职业农民技能培训，推动公共实训基地共建共享。加大"农村电商""乡村工匠"人才培训力度。引导企业、职业院校、培训机构开展职业技能等级认定。深化产教融合、校企合作，加大订单式培训力度，提升县域技能人才自给率。落实好培训补贴政策，畅通培训补贴直达企业和培训者渠道。五是推进数字化改造。加快信息基础设施建设，实现县城和特大镇5G网络全覆盖，引导有条件的县城适度超前储备网络能力，合理部署云网基础设施。推行县城运行"一网统管"，构建物联感知数据共享管理系统，加快建设智能电表、智能水表、智慧灯杆等感知终端，加快普及建筑物二维码门（楼）牌。推行公共服务"一网通享"，促进学校、医院、图书馆等公共服务机构资源数字化。推行政务服务"跨域通办"，提升"粤系列"平台服务水平。

2. 强化公共服务供给，增进县城民生福祉

一是完善医疗卫生体系。推进县级医院（含中医院）提标改造，加强急救、传染病检测和诊治、可转换传染病区和重症加强护理病房等建设，重点提升急危重症患者抢救能力和突发公共卫生事件应急处置能力。推动县域人口达到一定规模的县级医院达到三级医院水平。支持欠发达地区县级医院按规定设置岗位引入优秀专科人才。推进县级疾控中心建设，配齐配强疾病监测预警、实验室检测和现场处置等设施设备。推进县级妇幼保健机构能力建设，建设完善"云上妇幼"。实施三甲医院"组团式"帮扶县级公立医院办法。二是扩大教育资源供给。推进义务教育学校扩容增位，以学位紧缺地区为重点，新增一批中小学和幼儿园公办优质学位。推进县域普通高中学校标准化建设，稳定优质生源和优秀教师，到2025年年底，全面消除普通高中大班额。实施职业院校办学条件达标工程，推动各县办好至少1所融中等职业教育、社区教育、老年教育为一体的职业

教育中心学校。建立完善异地务工人员随迁子女入学和转学政策，提高随迁子女入读公办学校比例。三是提升社会服务保障能力。提升公办养老机构服务能力，提高护理型床位设置比例。推进公共设施和县城特殊困难老年人家庭适老化改造。支持各县建设至少1间医养结合的特困人员供养服务设施。鼓励社会力量建设或运营社区养老服务设施。推动城镇老旧小区适儿化改造。支持用人单位为职工提供福利性托育服务。支持有条件的幼儿园开设托班招收2至3岁幼儿。完善县级残疾人康复、托养和综合服务设施，推动街道社区康园中心建设运营。推动符合条件的县级儿童福利机构转型为未成年人救助保护机构。四是优化文化体育设施。持续推进县级图书馆、文化馆、博物馆完善服务设施，提升服务效能。加快建设县级智慧广电平台和应急广播体系。推进公共体育场馆、社会运动场地、户外运动公共服务设施建设，新建、改扩建一批体育公园，优化提升县城15分钟健身圈。

3. 加强历史文化和生态保护，提升县城人居环境质量

一是加强历史文化保护传承。加大革命遗址、历史建筑、历史文化街区和南粤古驿道等保护修缮和活化利用力度。推动县城建设传统工艺、老字号和工业遗产等特色文化展示空间，支持有条件的县建设省级以上文化生态保护（实验）区，推进非遗工坊建设。鼓励建筑设计传承创新。严禁随意拆除老建筑、大规模迁移砍伐老树。二是打造蓝绿生态空间。深入推进绿美广东生态建设，以重要河流水系和主要山脉为主体，协同建设生态廊道，推进万里碧道建设。优化县城绿地布局，持续提升森林质量，强化绿色公共活动空间供给。加强湿地生态和水环境修复，推进重点流域综合治理，推动黑臭水体整治。健全生态保护补偿财政转移支付制度。对重点生态功能区开展生态系统生产总值（GEP）核算及应用试点探索。三是推进生产生活低碳化。加快推进源网荷储一体化，在有条件的县推进屋顶

分布式光伏发电。鼓励大型建筑、工业园区建设天然气分布式能源系统，推进天然气主干管网"县县通"工程。坚决遏制高耗能、高排放、低水平项目盲目发展，推进绿色制造体系建设，积极鼓励发展绿色工厂、绿色园区、绿色供应链企业。大力发展绿色建筑，推广装配式建筑，推动超低能耗建筑、近零能耗建筑发展，全面推行绿色施工。推动公共交通工具和物流配送、市政环卫等车辆电动化。四是增强垃圾和污水收集处理能力。加强垃圾焚烧设施规划布局，因地制宜建设生活垃圾分类处理系统，适度超前建设与生活垃圾清运量相适应的焚烧处理设施，鼓励跨区域共建共享。加强危险废弃物、医疗废弃物收集处置和大宗固体废弃物综合利用。推动县城老旧污水管网改造、破损修复和雨污分流改造。开展污水处理差别化精准提标。推动污水资源化利用，鼓励将再生水用于工业和市政杂用等。推进污泥无害化处置设施建设，合理压减污泥填埋规模，鼓励燃煤电厂、水泥窑等协同开展污泥处置。

4. 提高县城辐射带动乡村能力，促进县镇村功能衔接互补

一是推进县城基础设施向乡村延伸。在有条件的县推动市政供水供气管网向城郊乡村及规模较大镇延伸，推动农村供水水质总体水平达到当地县城供水水质水平。畅通县域内省道、县道、乡道、村道，推动县城公交或班车服务向邻近镇村延伸。以需求为导向逐步推动5G网络和千兆光网向乡村延伸。健全县镇村物流配送体系，完善县级物流配送中心和镇村快递物流综合服务站点建设。支持建设县域集采集配中心及农产品田头综合服务中心。完善镇村公共消防设施。建立权属清晰、职责明确的基础设施长效管护机制。二是推进县城公共服务向乡村覆盖。推动县级医院与乡镇卫生院建立一体化运作的紧密型县域医共体，引导优质医疗资源下沉，提升非县级政府驻地特大镇卫生院医疗服务能力。发展城乡教育联合体，推进县域内校长教师交流轮岗，推动教师人事管理制度改革。办好乡镇中心幼儿园、中心小学和寄宿制学校。拓展乡镇敬老院服务能力和辐射范围，提升乡镇医疗卫生机构参与居家健康养老服务能力。加快推进"粤智助"政府服务自助机镇村全覆盖。三是巩固拓展脱贫攻坚成果。健全防止返贫动态监测和帮扶机制。实施乡村振兴驻镇帮镇扶村工程，科学编制镇域乡村振兴规划，开展"千企帮千镇、万企兴万村"行动。按规定调整优化帮扶政策，培育发展特色优势产业，持续推动脱贫村产业发展，提高脱贫群众稳定增收能力。

5. 深化体制机制创新，为县城建设提供政策保障

一是健全农业转移人口市民化机制。全面落实取消县城落户限制政策，推动农业转移人口与当地户籍人口均等享有教育、医疗、住房保障等基本公共服务。持续推进以异地务工人员为重点的社会保险参保扩面，鼓励和引导灵活就业人员参加社会保险。依法保障进城落户农民的农村土地承包权、宅基地使用权、集体收益分配权，支持其依法自愿有偿转让上述权益。建立健全省级及以下财政转移支付与农业转移人口市民化挂钩机制，重点支持吸纳农业转移人口落户多的县城。建立健全"人地挂钩"机制。二是建立多元可持续的投融资机制。根据项目属性和预期收益，合理谋划投融资方案。对符合条件的公益性项目，加强财政资金投入，支持申报地方政府专项债券；在申报中央预算内投资、安排省级财政资金时，对粤东粤西粤北地区予以适当倾斜。对准公益性和经营性项目，鼓励银行业金融机构特别是开发性政策性金融机构增加中长期贷款投放，鼓励有条件的金融机构依法依规创新融资方式，支持符合条件的企业发行县城新型城镇化建设专项企业债券。规范推进政府和社会资本合作（PPP）。有效防范化解地方政府债务风险。依法依规通过投资补助等方式，引导社会资本参与县城建设，支持符合条件的项目发行基础设施领域不动产投资信托基金（REITs）。鼓励省属、市属企业参与县城建设，引导有条件的地区整合利用好既有平台公司。完善公用事业定价机制，合理制定分类水价，健全污水处理收费标准动态调整机制。三是建立集约高效的建设用地利用机制。按照主体功能定位，划定落实"三区三线"，加快完成县镇两级国土空间总体规划编制。合理安排新增建设用地计划指标，保障县城建设正常用地需求，推动人口流失县城严控城镇建设用地增量、盘活存量。深化工业用地市场化配置改革，推行"标准地"供应，支持工业用地实行"带项目""带方案"招标拍卖挂牌供应。按照国家统一部署，规范建设用地二级市场，稳妥有序推进农村集体经营性建设用地入市。

▼ 三 县域高质量发展的新成效

（一）冲击全国"百强县"取得新突破

2023年开年，广东省吹响了"百县千镇万村高质量发展工程"的冲锋号。广东省提出，要组建省市县三级指挥机构和工作专班，目前省级层面"百千万工程"指挥部已经成立并正式运行。

一张蓝图绘到底，一茬接着一茬干。区域协调发展新格局的构建，需要每座城市找准自己的坐标。当前，广东省以"制造业当家"谋划高质量发展，发力第二产业成为县域经济的主要突破口。而广东省的县域工业优势点集中在珠三角，粤东粤西粤北地区仍然偏弱。在新一轮对口帮扶协作的结对关系首次实现粤东粤西粤北地区市、县全覆盖的背景下，珠三角在致力于将更多县域送上"百强县"的同时，要承担起帮助粤东粤西粤北地区更好地承接产业转移的使命。

知不足而后进，望山远而力行。对江苏、浙江、山东等地的"百强县"做一番观察不难发现，这些县域都已培育出了一批集聚化、规模化的产业集群。比如,在百强县前四强中,昆山的电子信息、装备制造产业集群,规模分别达六千亿级和三千亿级;张家港的冶金新材料产业集群,规模达三千亿级;江阴和常熟也分别有3个产业集群达到千亿级规模。2023年上半年,揭阳市惠来县的GDP增速达到50.1%,规上工业增加值同比增长了301.3%,背后也离不开化工新材料生产及绿色石化服务产业集群带来的"狂飙"力量。

省委十三届三次全会指出,广东省要深入实施"百县千镇万村高质量发展工程",在城乡区域协调发展上取得新突破,学习借鉴浙江"千万工程"经验,因地制宜、因县施策抓好产业培育,大力发展乡村产业,打造一批产业强县。随后,各地市都紧锣密鼓地推出了相关部署,全力推动广东省高质量发展的"头号工程"。其中,茂名提出,要在市域发展、县域振兴中走在粤东粤西粤北前列;韶关提出,要开展县域镇域经济发展排名;河源提出,要提升县域综合实力,大力培育镇域经济……凝聚合力、奋力攻坚,在"百千万工程"的引领下,广东省县域经济定将再开新局、再上台阶、再立新功。

(二)制造业发展取得新成效

重振制造业,迸发强动能,广州旗帜鲜明谋划城市发展新蓝图:始终坚持产业第一、制造业立市,在构建以实体经济为支撑的现代化产业体系上走在前列,当好示范。以广州为例,"产业第一、制造业立市",重新摆在了近两年来广州城市发展的"聚光灯"下。分量之重,意义之大,前所未有。足以看出广州将大力发展制造业作为继续担当高质量发展"领头羊"和"火车头"的关键所在。

重振制造业,是广州开启"二次创业"的关键所在。从国家层面看,作为国家中心城市、粤港澳大湾区核心引擎,广州以"制造业立市",就是服务"制造强国""制造强省"的国之大者、省之大计。从区域竞争看，制造业是超大城市的产业蓝海，通过制造业二次创业，全面增强发展的内生动力，广州才能塑造提升新的战略优势，在城市竞赛中占据先机。从城市自身看，广州是华南地区工业门类最齐全的城市，工业经济总量稳居全国城市第一方阵。"制造业立市"有利于广州发挥结合其制造业产业体系的优势，进一步增强本地制造业的核心竞争力以及产业主导力，以应对复杂多变的国内外形势，实现可持续的高质量发展。[①]

（三）"千亿区"发展呈现新面貌

冲刺"千亿镇街"，已成为广东省镇域经济比拼的激烈战场。作为全国镇域经济最发达的地区之一，珠三角最近动作频频，多地通过市委全会等方式落实"百县千镇万村高质量发展工程"，强调抓镇域经济跃升，并纷纷出招。珠江西岸的佛山提出，"一镇一策"支持桂城、祖庙、大良、荷城冲刺"千亿镇街"。珠江东岸的东莞提出，力争2025年形成2个"千亿镇"，2027年增加到4个。超大城市也加入这场竞逐之中。深圳市宝安区的新安街道提出，力争2023年GDP突破千亿。当国内各省都在比拼"千亿县"数量时，广东省正在紧锣密鼓地批量培育"千亿镇街"。

实际上，广东省"千亿镇"领跑全国。目前，全国仅有的4个GDP超千亿元的建制镇中，珠三角独占两席，均在佛山，分别为南海区狮山镇、顺德区北滘镇。广东省也是目前全国唯一拥有两个"千亿镇"的省份。如果加上街道，广东省镇街"千亿军团"的阵容更加强大。云集高科技企业的深圳南山粤海街道、华为全球总部所在地深圳龙岗坂田街道、位于广州核心区天河CBD的冼村街道，都是珠三角"千亿镇街"中的佼佼者。挺进

---

① 《产业第一，制造立市 | 十论广州》，南方+网站2023年7月23日。

镇域经济千亿时代,随着广东省加快实施"百千万工程",珠三角大镇正在一步步抬高镇域经济的"天花板"。以惠州为例,去年,惠城区经济总量突破千亿元大关,成为惠州首个"千亿县区"。2023年上半年,惠城区GDP增速5%,总量达501.46亿元,这也是上半年首次实现500亿元。[1]

---

① 《珠三角多地冲刺"千亿镇街" 一批GDP超700亿元强镇加快进阶跃升》,广东省人民政府门户网站2023年8月10日。

第四章

发挥乡镇节点功能，激发提升 "镇" 能量

乡镇是连接城市与农村的节点和纽带，发挥乡镇的节点功能是推进新型城镇化战略、解决城乡发展不平衡等问题的关键环节，不仅回应了高质量发展的重大现实命题，同时也有助于协调推进经济、社会、生态等维度的共同发展。广东作为全国人口、经济大省，承担着推动城乡一体化发展的重要任务，在坚持发力镇域经济、聚力乡村振兴，持续推动城乡区域协调发展等方面的实践探索也一直走在全国前列。镇街是广东实施"百千万工程"的重要一环，广东深化镇域发展的重点领域改革，采取了一系列促进乡镇高质量发展的核心举措，带领乡镇发展取得新突破，走出了一条以乡镇高质量发展推进更高水平城乡发展的广东路径。

▼ 一 广东乡镇高质量发展的现状与挑战

（一）镇域实力普遍提升但发展差异较大

镇域作为地区经济发展的基本单元，是联结城市经济和农村经济的重要节点。立足乡镇推进新型城镇化战略，是破解广东城乡发展不平衡的重要抓手，也是推动农村现代化的强大动力。党的二十大报告指出："深入实施区域协调发展战略、区域重大战略、主体功能区战略、新型城镇化战略，优化重大生产力布局，构建优势互补、高质量发展的区域经济布局和国土空间体系。"[①]

2019年7月，广东省委、省政府印发《关于构建"一核一带一区"区

[①] 《高举中国特色社会主义伟大旗帜　为全面建设社会主义现代化国家而团结奋斗——在中国共产党第二十次全国代表大会上的报告》，《人民日报》2022年10月26日。

域发展新格局促进全省区域协调发展的意见》，逐步形成了广东高质量发展的区域布局。2020年，广东省委、省政府印发《广东省建立健全城乡融合发展体制机制和政策体系的若干措施》，提出珠三角地区要对标建设世界级城市群，加快理顺经济发达镇、城中（郊）村等管理体制，推进镇村融合，支撑都市区优化升级和高端功能聚集，进一步强调了镇域经济发展的重要性。改革开放以来，广东制造业"接入"世界产业链，广东省的镇域经济快速发展，珠三角地区的镇域经济发展尤为突出，特别是在制造业、工业和经济总量方面处于全国领先地位，铸就了广东镇域经济的"底座"。在2022年度全国综合实力千强镇前100名中，广东有29个镇入选，占比接近三成。2023年10月20日，《2023年全国千强镇发展报告》正式发布，广东省112个镇入选2023年全国千强镇，数量居全国第三。其中，佛山市南海区狮山镇是广东镇域经济中的佼佼者，是全国仅有的4个"千亿镇"之一，形成了汽车整车及零部件制造、高端装备制造、光电、新材料、有色金属、生物医药等6个年产值超百亿元的支柱产业。2022年，狮山镇实现地区生产总值1313亿元，规上工业总产值4073亿元，增加值807.4亿元，占全区的53.2%，约为全市的1/7、全省的1/50。

但广东镇域发展在地区之间高度不均衡。根据《2021乡镇综合竞争力报告》，广东百强镇数量为30个，位居全国第二，仅次于江苏。但从结构来看，高度集中，主要分布在东莞（19个）和佛山（8个），只有3个分布在其他区域：增城区新塘镇、中山市小榄镇、南沙区东涌镇。2023年广东入选千强镇的112个镇中有104个集中在珠三角。

从生产总值来看，2022年，珠三角9个市的地区生产总值占广东全省比例超过八成，而粤东西北地区的12个市加起来占比不到两成。从城镇化程度来看，深圳等珠三角地区不少区县的城镇化程度接近100%；另一方面，广东在粤东粤西粤北地区仍有大量区县城镇化程度还不到40%，极少数区县城镇化率低至30%以下。从产业体系发展程度来看，珠三角地区拥有更多的产业集群和产业链条，而粤东西北地区的产业发展相对较弱，缺乏完善的产业链和配套设施。即使是经济实力强劲的珠三角地区，不少镇街仍存在内生动力不足、城镇面貌落后、基础设施欠账等情况。

镇一级有着"联城带村"的地位，是推动高质量发展的关键一环。在超过一千座建制镇的可观规模下，镇域经济的高质量发展将决定广东全省经济发展的大盘企稳向好。因此，广东省意识到，实现高质量发展的薄弱环节在镇，实施"百千万工程"，正是对乡镇连接城市与农村的节点和纽带作用的重视，以促进乡村振兴、推动城乡融合，通过"百千万工程"发挥各镇所长、齐头并进，把短板变成"潜力板"，真正实现高质量发展。

（二）圩镇环境建设整体向好但仍有薄弱

生态环境是人类生存和发展的前提和根基，推进高质量城乡发展，生态环境治理和人居环境建设是重要一环。2023年4月10日至13日习近平总书记在广东考察时指出，"要坚持走共同富裕道路，加强对后富的帮扶，推进乡风文明，加强乡村环境整治和生态环境保护，让大家的生活一年更比一年好。"①生态环境已经成为推进城镇化建设中不可忽视的部分。

习近平总书记在中央财经领导小组第十一次会议上指出，做好城市工作，首先要认识、尊重、顺应城市发展规律，端正城市发展指导思想。党的十八大以来，广东结合本省发展实际，始终坚持建设人与自然和谐共生现代化，健全城乡生态环境治理，以全局视角进行系统性谋划，把握生态环境特征和建设规律，建设更高水平的美丽广东。以高质量推进城乡融合发展为目标，广东将镇街人居环境整治作为实施乡村振兴，推进城镇化发

---

① 《坚定不移全面深化改革扩大高水平对外开放 在推进中国式现代化建设中走在前列》，《人民日报》2023年4月14日。

展的重要内容。为推进全省的城镇环境基础设施建设，提升基础设施现代化水平，推动生态文明建设和绿色低碳发展，广东省于2022年发布了《广东省加快推进城镇环境基础设施建设的实施方案》，提出到2025年的目标是显著提升城镇环境基础设施供给能力和服务水平，补齐短板弱项，构建集污水、垃圾、固体废弃物、危险废物、医疗废物处理处置设施和监测监管能力于一体的环境基础设施体系。到2030年，城镇要基本建立高效、智能、绿色、可靠的现代化环境基础设施体系。

从城乡发展的角度来看，强化生态环境和人居环境建设，有助于破解城乡二元结构，构建城乡环境共治共享新格局。广东圩镇环境建设方面整体向好，在推进城镇化建设过程中，重视城乡生态环境空间的优化，统筹划定城镇开发边界，在科学的资源环境承载力评价和国土空间开发适宜性评价的基础上，合理确定生态、农业、城镇空间，明确城镇建设空间不高于市域面积的1/3。[①]在涉及城镇居住环境方面，重视对已有生态环境问题的管控和治理。例如在污水处理及资源化利用方面，加快污水处理设施建设，提高污水资源化利用率；在生活垃圾处理方面，建立生活垃圾分类和处理体系，提高垃圾减量化、资源化和无害化处理水平；在固体废弃物处置方面，加强固体废弃物资源化和无害化处理能力建设，推动废弃物综合利用和无害化处理。

党的十八大以来，广东在推进镇域生态环境建设中取得了巨大成就，但要与城乡统筹发展的要求相适应，仍存在许多薄弱环节。如在村庄布局、农村基础设施、生态环境、农村文化保护与传承、乡村治理等方面，还有很大的提升空间。以广州为例，仍然存在城乡生态服务供给不均衡、不协调的矛盾。城乡生态环境公共服务差距较大，城乡居民生态环保意识

---

① 资料来源：《广州市国土空间总体规划（2018—2035年）》。

差距较大，乡村生态价值补偿机制还不健全，乡村生态价值没有充分挖掘。[①]实施"百千万工程"在乡镇生态环境建设方面，要在继续巩固已有成就的基础上，加强圩镇建筑风貌管控，深化乱搭乱建问题治理，统筹镇村连线成片建设，推动圩镇从干净整洁向美丽宜居蝶变。在生态环境建设上打造一批示范镇，提升广东美丽圩镇的特色化品质化水平。

（三）中心镇专业镇特色镇快速发展但仍需优化

乡镇是促进广东区域经济协调发展和城镇化进程的重要力量。习近平总书记指出，要"因地制宜发展小城镇，促进特色小镇规范健康发展，构建以县城为枢纽、以小城镇为节点的县域经济体系"[②]。因地制宜发挥各个镇街的特色，将区位优势较好、经济实力较强、未来潜力较大的乡镇发展成为中心镇，将具有传统优势产业基础的乡镇发展成为专业镇，将具有历史文化底蕴、旅游优势的小镇发展成为特色镇。

中心镇是人口集中、产业集聚、功能集成、要素集约的高地，广东致力于打造在小城镇中区位较优、实力较强，能承接大中城市辐射带动，又对周边农村和乡镇具有较大集聚辐射能力的中心镇，提升乡镇的综合服务水平。广州率先提出了"全域服务治理"构想，开展全区域、全周期、全要素的服务治理，2021年底，广州市印发《关于开展镇街全域服务治理试点工作方案》，探索超大城市镇街全域服务治理模式。

专业镇是以镇（街道）为行政区域单元，以特色产业集群化发展为主要特征，特色产业集聚度高、专业化分工协作程度高、技术创新活跃、产

---

① 张跃国：《广州城乡融合发展报告（2022）》，科学社会文献出版社2022年版，第231页。

② 《着眼全国大局发挥自身优势明确主攻方向 奋力谱写中国式现代化建设的陕西篇章》，《人民日报》2023年5月18日。

业辐射带动效应明显的镇域经济发展形式。20世纪80年代，专业镇在广东出现并迅速发展。进入21世纪，广东率先在全国开启"专业镇技术创新试点"，专业镇成为广东传统产业和特色优势产业的主要集聚地，"十一五"规划以来，专业镇经济迅速发展，专业镇地区生产总值占全省的三分之一，已成为广东省经济社会发展的重要支柱。2016年9月广东省发布了《广东省科学技术厅关于推进协同创新加快专业镇发展的实施意见》，为大力推动专业镇协同创新，加速释放创新潜能，培育新动能，提升专业镇产业核心竞争力，促进广东省传统产业转型升级提供了理论指导。

特色镇是遵循新发展理念，依托相对开放独立的区域空间，挖掘产业特色、人文底蕴和生态禀赋，有明确产业定位、文化内涵、旅游特色和一定社区功能的发展空间。广东在推进镇域经济发展中，积极探索"一镇一品"的特色镇发展模式，鼓励各地区依托自身的资源禀赋和产业基础，培育和发展特色产业。例如，佛山市南海区狮山镇的汽车及汽车零部件制造业、东莞市虎门镇的服装及纺织品制造业、中山市古镇镇的灯饰制造业等。

新形势下，"百千万工程"提出要建设一批美丽圩镇省级样板、发展壮大一批中心镇，支持区位优势好、发展势头好的中心镇建设成为县域副中心，面临着一些问题和挑战。广东省经济发展面临转方式、调结构、换动力的新形势，要求中心镇加强综合服务能力，在经济发展上加强对周边的辐射带动力和县域发展的支撑力，在便民利民上优化公共资源配置，补齐偏远乡镇的短板弱项，打造便利生活圈。产业空间制约和产业结构优化等问题，要求专业镇加快创新发展，以适应经济发展新常态。乡镇发展特色不突出等问题，要求特色小镇的建设应突出功能的"复合"，各相关功能的叠加和复合能够放大综合效应。也就是说，中心镇、特色镇、专业镇的发展仍存在可优化空间。

二 广东促进乡镇高质量发展的核心举措

（一）强经济，激活乡镇产业发展活力

实体经济是稳定经济的"压舱石"，是高质量发展的助推器。广东贯彻落实习近平总书记"推动经济高质量发展，要把重点放在推动产业结构转型升级上，把实体经济做实做强做优"的指示精神。2023年2月3日广东省委常委会会议强调，要抓住实体经济这个重要着力点，以制造业当家牵引建设现代化产业体系，做强优势产业集群，以新一轮技术改造加快传统产业转型升级，积极发展新兴产业、未来产业，扎实推动珠三角产业链条向粤东粤西粤北地区延伸，通过共建共强不断完善区域产业布局。镇域经济是广东省经济的重要组成部分，在"百千万工程"实施的开局之年，广东将着力解决在乡镇产业发展中遇到的矛盾，进一步夯实高质量发展根基。

一是壮大支柱产业，推动镇域传统产业升级换代。产业兴，则经济强，实体经济是广东省的立省之本。广东省是"制造强省"，全省规模以上工业企业超过5.8万家，进入世界500强企业17家，新培育35家国家制造业单项冠军企业、288家国家级专精特新"小巨人"企业和1459家省级"专精特新"企业。[①]新形势下，推动镇域传统产业转型是经济发展的客观规律，广东省保留镇域的原有特点和优势，通过出台支持政策和高水平技术融入，不断塑造镇域经济的新动能和新优势。例如佛山市顺德区北滘镇，诞生两家本土的世界500强企业（美的和碧桂园）。广东省历来高度重视传统产业转型升级，相继出台系列政策措施，企业积极作为，推动广

① 广东年鉴编纂委员会：《广东年鉴2022》，广东年鉴社2022年版。

东传统产业转型升级取得显著成效。近年来，北滘镇形成了智能家电、高端装备、机器人等多个产业集群，建成全国规模最大的空调、电饭煲、微波炉、电风扇、饮水机生产基地。2021年北滘镇家电业产值约3000亿元，约占全国家电产业总产值的10%。同时，北滘镇因时而变，随着市场需求的变化，不断推动产业结构调整优化，强化数字经济引领，推进制造业数字化智能化转型发展。北滘镇的美擎工业互联网平台入选国家级"双跨平台"，助力超400家制造企业数字化转型，美的厨热顺德工厂则成为佛山第二家"世界灯塔工厂"。2023年1月29日，北滘镇发布消息，2022年地区生产总值预计突破千亿元大关，成为全省继南海狮山镇后的第二个GDP超千亿元的经济强镇，[①]展现了实体产业转型升级推动经济发展的重要作用。

二是延长产业链，构建起现代化产业全链条。延长产业链，推动产业集群的发展有利于推进区域产业链的形成，从而带动镇域经济高质量发展。构建起现代化产业全链条是广东省激活镇域经济的重要一环。广东多地持续深入贯彻落实"百千万工程"部署，抓住新发展机遇，打造产业发展新格局，通过建溯源、补链条、强龙头、提品质、创品牌、扩营销等措施，推动全产业链完善发展。县域经济与镇域经济是密不可分的，镇域经济与村域经济又是紧密联系在一起。为促进镇域经济发展，延长产业链，构建现代化产业全链条，广东省提供新思路进行新尝试。江门市是积极推动现代化产业全链条构建的重要城市之一，一方面，着力推动产业纵深发展，提高产业产品附加值；另一方面，横向打通关键环节，强化市场体系建设和品牌建设。江门市新会区以"一村一品、一镇一业"为抓手，因地制宜发展特色产业。近年来，成功创建新会陈皮国家现代农业产业园，推

①《佛山市顺德区北滘镇GDP破千亿 广东镇域县域经济发展迎机遇》，《南方日报》2023年1月31日。

动新会陈皮产业链不断延伸，在种植环节、加工环节和销售环节等，都给予乡镇一定的支持和引导，江门市将结合"百千万工程"，加快推动陈皮生产、加工、流通、销售、研发、电商、品牌建设等全产业链发展。①肇庆市也将充分发挥乡镇连接城市与农村的节点和纽带作用，强化乡镇联城带村的节点功能，加强与外市专业镇联动发展，积极承接珠三角核心区专业镇产业有序转移和优质资源要素外溢，为强镇做强补足要素、扩大版图。②

三是发展"蓝色经济"新赛道。广东海洋渔业资源丰富，已构建起一条从种业、养殖、装备到精深加工的现代化海洋牧场产业全链条。2023年3月10日，广东省现代化海洋牧场建设推进会召开，会议强调现代化海洋牧场建设是落实粮食安全战略、践行大食物观的重要举措，是推动经济高质量发展的重要突破口，是推动"百千万工程"促进城乡区域协调发展的有力抓手。汕头的深水网箱养殖业、珠海的深海绿色养殖和海洋旅游、惠州的渔旅融合等充分体现因海而立、向海而兴。广东沿海镇域具有气候、地理和区位优势，能够发展海洋经济，依托海水养殖、种植、捕捞技术升级带动整个产业链的产值提升，推出更多现代化海洋牧场预制菜产品，与生物科技结合进行海洋产品精深加工，拓宽海洋产品在保健食品、化妆品、生物医药等领域的广泛应用。当前，广东县镇村正在依托不同的海洋资源禀赋、产业优势等，积极探索"现代化海洋牧场+"发展模式。③建设现代化海洋牧场是新领域新赛道，当前，广东正加快发展"蓝色经济"，着力培育万亿级现代化海洋牧场产业集群，打造"百千万工程"新的增长

---

① 《江门新会发布陈皮产业高质量发展白皮书 推动全产业链总产值突破500亿元》，《南方日报》2023年3月17日。

② 《肇庆以"两工两农"示范建设破题区域协调发展 打造县镇村高质量发展潜力板》，广东省人民政府门户网站2023年2月22日。

③ 《拥抱"新蓝海"拓展新空间 广东着力培育万亿级现代化海洋牧场产业集群》，《南方日报》2023年3月13日。

极。2023年11月30日印发的《关于金融支持"百县千镇万村高质量发展工程"促进城乡区域协调发展的实施方案》中，将海洋作为重点金融保障领域，强化现代化海洋牧场专属金融服务，鼓励银行保险机构设立海洋金融"蓝色网点"、海洋牧场金融服务中心，建立健全全链条的信贷保险产品体系，积极参与开发"蓝色"碳汇相关金融产品，为发展"蓝色经济"提供重要保障。

（二）精治理，因地制宜建设美丽圩镇

美丽圩镇，是城乡统筹的枢纽、城乡融合的节点，也是新型城镇化和乡村振兴的交会地。镇域发展，环境整治是重要抓手，也是关键。近年来，广东持续推进美丽圩镇建设，并于2022年将其纳入广东省十件民生实事。2023年广东以建设100个美丽圩镇省级样板、发展壮大50个中心镇为目标，截至2022年底，全省美丽圩镇攻坚行动各项任务已经完成，全省1123个圩镇全部达到"宜居圩镇标准"，其中348个圩镇进一步达到"示范圩镇标准"。[①]目前，广东正在起草《关于实施"百县千镇万村高质量发展工程"推进城镇建设的工作方案》，将从提升县城综合承载能力、强化乡镇联城带村的节点功能、建设现代宜居农房等方面推动城镇建设，将聚焦"强化乡镇联城带村的节点功能"，着力做到以下三个方面。

一是全方位提升镇街人居环境品质。打好污染防治攻坚战，改善圩镇人居环境，提升人民群众的幸福感和安全感。广东各乡镇在优化人居环境方面成效明显，"三线"治理逐步深入，圩镇整体风貌不断提升。2021年底，广东175个乡镇将污水纳入城市（县城、其他镇）生活污水处理设施

---

① 《粤今年将建设100个美丽圩镇样板　发展壮大50个中心镇》，《南方日报》2023年2月28日。

处理；948个乡镇单独建设生活污水处理设施。①2023年，全省各乡镇推动实施生活垃圾、生活污水、公共厕所"三大革命"和"六乱"整治等四项攻坚任务，1476座镇级生活垃圾转运站、1063座乡镇生活污水处理设施、超1.1万座公共厕所，成为人居环境提升的坚实基础。②

广州先行先试超大城市镇街治理新模式，以18个镇街为试点启动镇街全区域、全周期、全要素服务治理。例如，广州市越秀区大塘街在环卫保洁、安全管理、智慧社区、基础建设方面拓展思路，大胆尝试，探索出了镇街环境治理经验：以党建引领为核心，政企合作共同推进社区治理；成立运营中心专职主任，确保治理措施的顺利实施；以老旧小区改造为切入点，将实际问题作为治理重点，切实解决市民群众的实际需求。较为落后的乡镇，则通过动员干部群众志愿者积极参与，清理道路沿线垃圾、打捞河道垃圾及杂物、处理工业聚集区的生产废弃物等，化解生态环境风险隐患，改善生态环境质量。

二是拓展镇街全域文明创建。近年来，广东省围绕乡村振兴、城乡融合发展等任务，同时抓好物质文明和精神文明，全域文明创建不断深化拓展，市容市貌明显改善，公民素质和社会文明程度显著提高，城市文化底蕴越发浓厚。为抓住"百千万工程"良好机遇，各村镇、镇街积极推进文明村镇创建提质行动，促进文明程度和生活质量的全面提升。例如，东莞市塘厦镇正举全镇之力创建广东省文明镇，打造了国家卫生镇、国家级生态乡镇、广东省公共文化服务体系示范区等亮丽名片，20个社区获评市级或以上文明单位，覆盖率达100%，形成了"两个文明"协调发展、相互促进的良好局面。在环境品质提升、空间深度拓展、集体经济转型、基层

① 广东年鉴编纂委员会：《广东年鉴2022》，广东年鉴社2022年版。
② 《广东打造"内外兼修"美丽圩镇 因地制宜建强中心镇专业镇特色镇》，广东省人民政府门户网站2023年11月6日。

治理创新上实现重点突破，在全民动员、全员发动上做实做深文章，形成热气腾腾抓工作的良好局面，全力建设大湾区高质量发展强镇。[①]肇庆市封开县大洲镇也正通过实施文明村镇创建"四大行动"，持续激发乡村振兴活力。他们注重全域推进，产业结合，打造特色，动态管理，培育文明新风。

三是完善圩镇基础设施建设。2023年6月25日，广东省印发《广东省乡村建设行动实施方案》，强调巩固美丽圩镇攻坚成果，逐步改善小城镇人居环境质量，完善基础设施建设，增强公共服务能力，提升特色品质，提高治理水平。2022年广东全省谋划开展美丽圩镇建设项目7329个，投资估算达901亿元。2023年年初，广东进一步提出要重视实施建强中心镇行动，重点发展壮大50个中心镇，支持区位优势好、发展势头好的中心镇建设成为县域副中心。[②]广东省提出，到2025年，小城镇（圩镇）发展水平进一步提升，基本建成乡村治理中心、农村服务中心、乡村经济中心。以此为目标，各乡镇坚持补短板强弱项，圩镇基础设施建设水平明显提升。

广东省各地因地制宜提升公共服务水平，圩镇环境、卫生、设施不断优化完善，养老院、长者饭堂、幼儿园等持续补齐，小公园、小广场等不断拓展成为群众的高品质公共活动空间。2023年11月，全省乡镇已建成各类学校1.4万多所、卫生院1400多所、养老服务机构1100多家，乡镇居民幸福感稳步提升。[③]广东省各地因地制宜改善基础设施，镇域重点完善交通、水利、能源、5G网络等基础设施领域。在交通基础设施方面，推动骨

① 《创建广东省文明镇 加快"百千万工程"落地见效 东莞塘厦全力建设高质量发展强镇》，广东省人民政府门户网站2023年9月21日。

② 《广东今年将建设100个美丽圩镇样板 发展壮大50个中心镇》，《南方日报》2023年2月28日。

③ 《广东打造"内外兼修"美丽圩镇 因地制宜建强中心镇专业镇特色镇》，广东省人民政府门户网站2023年11月6日。

干交通网向乡镇覆盖，重点推进地铁建设，开展国道快速化改造等工程，加快建设更加完善的快速路网，构建中心城区快速交通网络，优化城市交通出行环境。在水利基础设施建设方面，将加快推进河道整治等工程，实施河涌水系综合整治和农村水系综合整治，提升防洪排涝能力。此外，还推进乡镇物流配送体系、燃气管道、供电设施、通信设施等基础设施建设，优化教育、医疗、文化等公共资源配置，提升公共服务水平和居民生活质量。

（三）显优势，增强镇域辐射带动效应

以实施"百千万工程"为新起点，广东再次拿出走在前列的精气神，以只争朝夕、迅速行动的奋斗姿态，积极发挥各地发展优势，切实推动城乡区域协调发展。广东立足实际，提出建设高品质镇街，通过综合考虑乡镇（街道）区位条件、主导产业、资源禀赋及综合发展水平，因地制宜制定发展目标、选准赛道、精准发力，让全县各镇各地各尽所能、各展所长，增强镇域辐射带动效应。

一是发挥地理优势。广东省地貌类型复杂多样，有山地、丘陵、台地和平原，普遍存在一个县"半山半海"，不同镇之间资源禀赋、区位特点各不相同的情况，这就造成发展模式各具特色，经济社会发展也存在着显著差异。广州依托"山水林田湖海"自然禀赋，构建北、中、南三个特色片区，利用不同片区的自然资源和地理优势，总体塑造"三片四脉、山海连城"全市新乡村示范带格局。"三片"分别为北部绿色生态片区、中部宜居宜业片区、南部滨海水乡片区。①"四脉"为跨区域的新乡村示范带骨架脉络，串联沿线各类新乡村示范带。①同样，惠州市惠东县在推动村

———
① 《广州打造新乡村示范带 做好"和""美"大文章》，《羊城晚报》2023年2月17日。

镇发展上，注重发挥镇的地理优势，进行特色化打造。在山区，绿色生态是主旋律。梁化镇是梅菜之乡，蔬菜和特色水果种植颇具规模；白盆珠镇拥有极佳的生态资源优势，发展乡村旅游优势重重；高潭镇是革命老区，正大力推动红色小镇建设，打造红色教育基地。在沿海，蓝色经济是主旋律。巽寮旅游区拥有延绵数公里的海岸线，传统渔业文化特色鲜明，滨海旅游业蒸蒸日上；港口旅游区有着国家级海龟自然保护区，以及正在建设中的海上风电；平海镇则拥有平海古城文化资源和品质优异的旅游服务业；黄埠镇则承担着中国科学院"两大科学装置"和核电建设重任。在沿江，工业制造是主旋律。平山街道和大岭街道是县城所在地，是文化与经济中心，女鞋制造业和商贸物流业繁荣发展；白花镇正大力建设惠州新材料产业园，推动打造千亿级产业集群，迎来全面发展窗口期。

二是发挥文化优势。党的二十大报告强调，要"健全现代公共文化服务体系，创新实施文化惠民工程""坚持以文塑旅、以旅彰文，推进文化和旅游深度融合发展"[①]。广东各地乡镇通过对当地文化内涵的挖掘和塑造，融入文化形式的革新与升级，激活丰富的岭南文化资源，使其成为推动文化产业与文化事业发展的亮眼名片，成为推动经济发展的新引擎。走"一镇一特色""一镇一主题"差异化发展之路，以独特的文化底蕴和生态环境为基础，吸引各类资源要素聚集，形成具有竞争力的文旅产业生态圈，提升周边地区辐射带动效应。例如，江门开平市赤坎镇这一座百年历史老城，在2023年"五一"假期期间，吸引游客打卡赤坎古镇侨乡国际旅游度假区，4天接待游客近10万人次，[②]带动赤坎镇旅游经济发展，提升当

---

① 《高举中国特色社会主义伟大旗帜 为全面建设社会主义现代化国家而团结奋斗——在中国共产党第二十次全国代表大会上的报告》，《人民日报》2022年10月26日。

② 《广东奏响城乡区域协调发展"协奏曲" 深入推进"百千万工程" 奋力实现新突破》，《南方日报》2023年9月15日。

地居民收入。高州市深镇镇以创建国家全域旅游示范区和打造乡村振兴示范带为契机，将民宿作为助推乡村振兴、镇域经济发展的重要产业支撑，有效带动旅游产业和集体经济发展。文化旅游的发展给乡镇带来经济收入，促进当地完善各类基础设施和提升服务水平。

三是发挥产业优势。具有核心竞争力的产业集群会形成聚集效应，整合各方资源，特色互补，加速形成便民利民的"生活圈"。新时代以来，广东各地产业优势彰显，抓住时代机遇、发挥产业优势的各镇街能够实现资源的不断完善，服务水平的不断提升，实现产业联动，打造更加利民便民的服务圈、商业圈和生活圈。汕头市龙湖区的10个街道就立足发展实际，在全面推进"百千万工程"中发挥不同街道产业优势，凝聚起发展的强大合力。金霞街道要加快打造现代都市金融商贸圈；珠池街道要大力发展商贸零售物流等"门户"经济；新津街道要做强建筑业和服务业；龙祥街道要激活批发零售业；鸥汀街道要做大新一代电子信息和新能源产业集群；外砂街道、龙华街道积极打造新兴产业集聚区；新溪街道、新海街道优先发展先进制造业，大力发展现代农业；龙腾街道打造宜居宜业宜游新城。[1]清远市清新区也发挥不同城镇的现有优势，将推动太和中心城区镇、浸潭北部中心镇加快发展；支持太平打造"西部产业新城"，推动产镇联动，建设工业强镇；推进石潭市级镇域现代农业产业园建设，大力发展特色农业，建设农业强镇；加快三坑温泉民宿小镇、山塘农业强镇、龙颈文旅小镇、禾云凤都小镇建设，着力打造一批工业强镇、农业强镇、生态文化强镇。[2]特色乡镇建设已经成为广东各地经济发展新的增长极。

---

① 《汕头龙湖推进各街道特色化发展　各美其美　争奇斗艳》，《南方日报》2023年3月14日。
② 《奋战"百千万工程"　清远市清新区全力推动高质量发展"施工图"转化为"实景画"》，广东省人民政府门户网站2023年5月15日。

（四）重保障，多渠道支持镇域发展

区域发展不均衡一直是广东亟须解决的重要矛盾。广东一直以来都注重对乡镇地区的帮扶发展。在发展势头落后于中心城市的乡镇地区，要重之发展一批区位优势较好、经济实力较强、未来潜力较大的中心镇，形成一批在全国有较强影响力和竞争力的名镇名品，打造一批休闲农业与乡村旅游示范镇等目标，除了乡镇自身积极寻求发展之外，还要提供政策、资金等各方面的倾斜和支持。

一是企业帮助。企业产业发展的质量和效益能够为乡镇发展提供良好的环境和条件，为县镇村发展引入先进技术和科学管理方式，提供资金支持。2023年1月11日，广东省政协十三届一次会议科协、环境资源界、科技界、农业界委员联组讨论会指出，要建立新型帮扶协作机制，持续推进驻镇帮镇扶村，深入实施"千企帮千镇、万企兴万村"行动。广东企业积极响应，例如广东海大集团在阳西县投资建设了现代化种苗繁育中心，通过引进优质种苗，采用先进的生产工艺和设备，提高当地水产养殖的产量和质量。同时为当地养殖户提供技术指导和培训，提高当地养殖技术和管理水平。广州立白企业集团在梅州市丰顺县与当地农民合作建立生产、加工、销售一体化的经营模式，提高农业产业的附加值。企业在"百千万工程"中发挥着重要作用，2023年2月17日，广东召开"党建聚合力、万企促振兴"助力百县千镇万村高质量发展会议，会上，海大集团雷州市东里镇南美白对虾工厂化育繁养项目等30个首批省级"万企兴万村"行动实验项目获颁牌匾。[1]全省广泛发动各方力量积极参与城镇建设，通过建筑业企业结对帮扶镇村，提升城镇综合承载力，截至2023年11月6日，引

---

[1] 《广东授牌首批30个"万企兴万村"行动实验项目》，广东省人民政府门户网站2023年2月20日。

导全省1214家建筑企业与1123个乡镇结对，确定帮扶项目1316个。[①]全省将通过政策协调和业务指导，更好地发挥实验项目典型和榜样的示范带动效应。

二是资金与人才支撑。推进乡村振兴期间，广东在镇域发展中的资金投入持续增加，2021年至2023年，5年筹措安排资金540.6亿元，助力全省1127个乡镇、近2万个行政村全面振兴，推进镇村同建同治同美。2023年2月，广东省年初预算安排1100亿元全力保障"百县千镇万村高质量发展工程"实施。[②]2023年10月，省财政新增的10亿元资金已下达全省各地，加大力度支持"四好农村路"建设，助力推进"百千万工程"，逐步实现"一路一风景""镇镇（乡乡）都有美丽农村路"等目标，更好地带动县镇村产业和旅游发展。[③]11月30日，广东印发《关于金融支持"百县千镇万村高质量发展工程"促进城乡区域协调发展的实施方案》，充分发挥金融资源要素保障作用，全力推动金融支持"百千万工程"落实到"县镇村"。结合广东各地乡镇发展实际，支持适度超前开展基础设施建设，完善综合立体交通网主骨架，持续完善"钱随人走"转移支付机制；同时，在给予基层一定财政资金灵活使用空间的基础上，突出运用清单式管理，确保资金投向精准有效；严格考核验收和强化资金绩效评价。

乡村振兴，人才是关键。广东省通过干部人才选派工作，强化"百千万工程"的要素支撑，定期开展人才的教育与培训，加强教育投入，鼓励企业内部加强培训，同时，积极引进高层次人才和急需紧缺人

① 《努力建设焕然一新的县镇村 广东蹄疾步稳推进"百千万工程"》，《南方日报》2023年11月6日。

② 《广东今年安排预算1100亿元 全力保障"百县千镇万村高质量发展工程"实施》，《羊城晚报》2023年2月16日。

③ 《广东新增10亿元建设"四好农村路" 助力推进"百千万工程"》，广东省人民政府门户网站2023年11月6日。

才，通过优化政策环境、提供优惠待遇等方式吸引人才落户。2023年《广东省科技支撑"百县千镇万村高质量发展工程"促进城乡区域协调发展实施方案（试行）》中，明确了要凝聚优质人才智力资源，服务"百千万工程"。为此，广东将聚集两院院士、科学家、人大代表、政协委员、优秀企业家等组建智库联盟，开展科技支撑"百千万工程"深调研，定期开展高端学术研讨会和产业发展论坛，充分发挥智库参谋作用，为"百千万工程"科学决策提供智力服务支撑。例如，汕头为每个区（县）组建了1支专业技术服务队，下设镇村建设、产业发展、"三农"工作3个服务团，围绕绿美广东生态建设、"制造业当家"、乡村振兴等重点工作开展专题培训、结对驻点、联合攻关等技术帮扶指导，推动技术成果落地转化，并择优选派具有副高以上职称或博（硕）士学位的专业技术人才担任"技术顾问"。2023年11月30日印发的《关于金融支持"百县千镇万村高质量发展工程"促进城乡区域协调发展的实施方案》也提出，要推广"千人驻镇""乡村金融特派员""金融村官"等人才支持的经验做法。

三是相关政策支持。2022年12月8日，广东省通过了《中共广东省委关于实施"百县千镇万村高质量发展工程"促进城乡区域协调发展的决定》，在推进实施"百县千镇万村"高质量发展工程的工作实践中，广东始终重视强化政策机制支撑，大力推进强县促镇带村，深入推进城乡融合发展。2023年3月24日，《关于推动产业有序转移促进区域协调发展的若干措施》正式公布，广东"1+14+15"政策体系已基本成型，新一轮对口帮扶协作的结对关系首次实现粤东粤西粤北地区市、县全覆盖。为深入布局广东产业转移，适应新形势下的经济发展规律，广东还陆续出台14个省级配套文件和15个地市承接产业转移的实施方案。政策"组合拳"力求更精准、成体系，让各项举措具体细化、紧密衔接，形成合力。① 4月2日，《广东省"数字政府2.0"建设服务"百县千镇万村高质量发展工程"若干措施》印发，围绕优化县域营商环境、推动城乡政务服务均等普惠、提升基层政府运行效能等7方面，通过发挥广东省"数字政府2.0"建设的牵引驱动作用，加快数字政府基础能力均衡化发展，助力"百千万工程"，推动城乡区域协调发展向更高水平和更高质量迈进。② 2023年6月1日起正式施行《广东省自然资源厅关于实施点状供地助力乡村产业振兴的通知》，支持各地探索实施点状供地，大力促进乡村产业振兴，助力实施"百千万工程"。③ 2023年6月7日，《广东省科技支撑"百县千镇万村高质量发展工程"促进城乡区域协调发展实施方案（试行）》，从关键技术攻关、科研成果落地转化、专业镇转型升级、乡村振兴人才等方面助力推进"百千万工程"。④

▼三 广东乡镇高质量发展的目标愿景

2023年4月，习近平总书记亲临广东视察，强调广东要下功夫解决区域发展不平衡问题。当前，全省各地深入实施"百千万工程"，抓县域发展、抓城镇提能、抓乡村振兴、抓城乡融合，全面推进强县促镇带村，加

---

① 《广东"1+14+15"产业有序转移政策体系成型　支持对口帮扶双方探索建立成本分担和利益共享机制》，广东省人民政府门户网站2023年3月27日。

② 《广东出台25条措施赋能"百千万工程"　商事主体登记不出镇 便民服务不出村》，《南方日报》2023年4月12日。

③ 《〈广东省自然资源厅关于实施点状供地助力乡村产业振兴的通知〉正式印发 广东实施点状供地助力乡村产业振兴》，《广州日报》2023年5月5日。

④ 《广东明确科技支撑"百千万工程"8项任务计划 打造县镇创新驱动发展样板》，《南方日报》2023年6月16日。

快把短板变为潜力板，推动城乡区域协调发展向着更高水平迈进。广东实现高质量发展的突出短板在县、薄弱环节在镇、最艰巨最繁重的任务在农村，壮大县域综合实力，全面推进乡村振兴，持续用力、久久为功，加快把县镇村发展的短板转化为高质量发展的"潜力板"。广东有序推进"百千万工程"各项工作任务，推动乡镇高质量发展，激发提升"镇"能量，集中资源力量培育一批典型示范镇，其目的就在于充分发挥镇的节点功能，在更深层次把村镇县联动和城乡融合的发展潜力和动能全面释放出来。在综合服务强化、环境品质提升、集体经济转型、空间深度拓展等方面实现重点突破，全面构建更高水平的城乡融合发展格局。

（一）强化乡镇优质便捷的综合服务功能

县镇村三级是具有自上而下领导关系的行政序列。乡镇居于"县—村"的"接点"位置，是促进城乡融合发展、提升社会治理效能的关键载体，既是县和村的过渡，也是县和村之间的联结。强化乡镇的综合服务功能是激活"接点"独特作用和关键位置的内在必然。"百千万工程"的实施为广东乡镇发展提供机遇，在政策倾斜、资金支持、人才支撑等多要素保障下，广东省综合服务乡镇快速崛起，镇村公共基础设施水平、镇域公共服务能力持续提升。

中国特色社会主义进入新时代，人民对物质文化生活提出了更高要求，对当前乡镇综合服务水平也提出了更高的要求。《中共广东省委关于实施"百县千镇万村高质量发展工程"促进城乡区域协调发展的决定》中对增强乡镇的综合服务功能提出了要打造"完善的服务圈""兴旺的商业圈"和"便捷的生活圈"的要求，实际上就是要以优质、便捷、惠民为目标，提高乡镇的综合服务水平，高质量满足乡镇居民生产生活的基本需要。在追求综合服务功能优化的同时，也要注重综合服务功能的延伸，突出发展一批有条件打造成为县域副中心、有机会发展成为小城市的综合服务示范镇，增强对周边乡镇的辐射带动力和县域发展的支撑力。打造高质量的服务圈、商业圈和生活圈，综合服务乡镇的建设要与时俱进地加入新的元素，例如加强政务中心建设，建好用好党群服务中心；实施新时代乡村文化培育工程，推动镇村两级联动发展；进行医疗卫生科普，提升村民居民健康意识等。

（二）打造"内外兼修"的美丽圩镇

在建设美丽圩镇方面，广东一手抓问题治理，一手抓特色建设，在绿美广东生态建设、乡村振兴等战略的综合推进下，广东圩镇人居环境、基础设施和公共服务建设成效显著。在落后乡镇重点开展人居环境品质提升行动，加强圩镇建筑风貌管控，改造提升旧民居、旧街巷，突出特色；配合当地实施以农村厕所革命、生活污水垃圾治理、村容村貌整治提升等为重点的基础设施改善工程。广东各地还将继续聚焦美丽建设，不断缩小城乡区域差距，包括加快推进各镇街综治中心规范化升级改造工程；加强镇街风貌管控，深化沿街立面整治；推进一批乡镇学校新建和改扩建项目，补齐乡镇学位短板；扩大医共体覆盖面，整合县镇村三级医疗卫生资源等。

广东省"百千万工程"通过提升城镇的居住和生活环境，完善基础设施和公共服务设施，加强产业发展和扩大就业机会，以及提高城镇管理水平和社区治理能力，吸引人们到城镇定居、就业和安居乐业。在满足居民物质生活需要的基础上，也要让居民进一步实现精神文化层面的需求。建设"内外兼修"的美丽圩镇，就是要重视乡镇文化特色的挖掘，重视保护各乡镇的历史文化资源，鼓励各乡镇积极盘活整合文化场馆、景区、红色教育基地等，打造乡镇层级的教育基地和新时代文明实践点，提升乡镇的文化承载力，为村民居民提供高质量的文化服务和精神享受，打造一批具有岭南特色、历史文化和民族风情的美丽圩镇。

（三）打造高质量发展的经济强镇

"百千万"工程实施以来，广东各地镇域经济发展势头强劲。在广东省政府的大力推动下，各镇街因地制宜，发挥自身优势，积极发展特色产业，镇域经济呈现出快速、健康、可持续的发展态势。横琴镇、北滘镇、长安镇和虎门镇等广东的知名强镇继续发挥经济发展的重要引擎作用。同时，佛山列阵一批有望近十年分梯队挺进千亿镇街的"生力军"，支持桂城、祖庙、大良、荷城冲刺"千亿镇街"，建强中心镇、专业镇、特色镇，从全市到各区再到镇街，紧锣密鼓地出台各项相关措施、落地各大活动，将建设"千亿镇街"的号角吹彻湾区。

打造高质量经济强镇，要求乡镇要有现代化的产业体系和产业布局，一方面，提升优势产业竞争力，锻强主导产业链条，开辟产业发展新赛道，推动产业有序转移，加快发展数字化生产项目。另一方面，优化乡镇空间布局，促进各大村镇区域建设提速，优化发展要素，通过建设科创平台、营造创新生态、提升教育质量、优化营商环境等综合举措，为高质量经济强镇建设创造良好的条件。

总之，广东省全面加快城乡统筹，全力破除城乡二元结构，要充分发展镇的节点功能，努力实现"一年开局起步、三年初见成效、五年显著变化、十年根本改变"。"百千万工程"蕴含着广阔的市场前景和巨大的发展潜力，未来广东省各镇街要继续抢抓新机遇、拥抱新蓝海，各地各部门各司其职、各负其责，凝聚全省上下共同支持参与的强大力量，携手共创广东城乡区域协调发展的美好未来。

第五章

发展壮大集体经济，建设宜居宜业和美乡村

2023年以来，广东部署实施"百县千镇万村高质量发展工程"，坚持农业农村优先发展，推动全省2.65万个行政村（社区）高质量发展。全省坚持实打实推进，采取超常规举措，动员全社会力量，努力将乡村发展的短板变为乡村振兴的"潜力板"，建设宜居宜业和美乡村，开创了"三农"工作新局面，绘就广东乡村振兴新画卷。

▼一 广东建设宜居宜业和美乡村的现状与挑战

近年来，广东深入实施乡村振兴战略，着力构建"一核一带一区"区域发展格局，推动城乡区域协调发展取得重要成果。同时，对比高质量发展要求，对比农业农村现代化建设标准，对比人民群众的美好生活需要，对比实现广东在全面建设社会主义现代化国家新征程中走在全国前列的使命担当，全省农业农村发展仍然有不少差距，仍然存在不少薄弱环节。其中，加快推动乡村产业现代化、加快建设具备现代化生活条件的美丽乡村，加快开拓农民增收致富新渠道的要求尤为凸显。

（一）农业强省建设不断提质，乡村产业亟须转型升级

农业强省建设不断提质。近年来，广东全面深化农业供给侧结构性改革，大力推动传统乡村产业体系向现代乡村产业体系转变，推动乡村产业发展提质增效，取得了显著成效，在以下方面尤为突出：一是提升农业全产业链现代化水平。广东大力推进农业发展"接二连三"，推动各地立足特色农业发展农产品产地初加工和深加工，推进农文旅融合，发展乡村

美丽经济，不断拓展农业功能，延长产业链，提升价值链，提高农业综合效益。二是创新性运用工业化理念发展现代农业。近年来，广东将工业发展的"园区模式"应用到农业发展中，集中力量在全省大力推进现代农业产业园建设，已覆盖广东主要特色农产品，产业园规模和数量位居全国前列。三是提升"粤字号"农业品牌。精心策划"菠萝的海""520，我爱荔""云上花市""年鱼经济"等广东特色农产品营销案例，不断提升"粤字号"特色农产品全国知名度，香蕉、柑橘、荔枝、龙眼、柚子、菠萝等特色农产品抢单出海，新会陈皮、茂名罗非鱼和化州橘红等特色农产品品牌影响力不断增强。四是畅通农产品产销渠道。近年来，广东以湛江徐闻菠萝为试点，逐步探索形成了"12221"市场体系①，推动农产品"以产待销"向"以销促产"转变，通过"小切口"实现了农业产业的大变化。五是挖掘乡村生态和文化价值，培育乡村新业态。广东依托美丽乡村建设，深入挖掘乡村传统村落、非物质文化遗产价值，大力发展乡村旅游。各地实施乡村传统文化活化工程，丰富乡村旅游产品，推广"乡村+美食""乡村+节庆""乡村+非遗"等发展模式，打造精品旅游线路，推动休闲农业和乡村旅游蓬勃发展。

乡村产业亟须转型升级。尽管广东农业总产值位居全国前列，但发展不平衡不充分的问题仍然相对突出。从区域来看，珠三角农业发展在全省明显领先，粤东和粤北相对落后。从现代农业产业体系来看，广东农业供给结构仍然有待优化，新型农业经营主体力量还不够强大，农业经营效益偏低，农业产业链和价值链仍然有待进一步延伸和提升，推动传统农业向现代农业转变的任务依然繁重。

---

① "12221"市场体系指"1"个农产品大数据，组建销区采购商和培养产区经纪人"2"支队伍，拓展销区和产区"2"大市场，策划采购商走进产区和农产品走进大市场"2"场活动，实现品牌打造、销量提升、市场引导、品种改良、农民致富等"1"揽子目标。

（二）农村人居环境更加整洁，特色乡村风貌有待彰显

农村人居环境更加整洁。近年来，广东以建设精美农村为主攻方向，全域部署实施乡村建设行动。围绕村庄精美、家园精美、景观精美三大目标，深入开展村庄"洁化、绿化、美化"行动，完善农村基础设施，提升农村生活条件，使全省农村面貌发生了巨大变化。在以下方面尤为突出：一是深入开展农村人居环境整治并不断巩固提升整治成果。开展"千村示范，万村整洁"行动，推进农村厕所革命，健全农村生活垃圾收运处理体系，开展农村生活污水治理攻坚，开展村庄环境卫生全面整治行动，开展农村"四小园"①生态塑造，推动建立农村人居环境整治长效管护与运行机制。二是建设岭南特色乡村风貌。实施农房管控工程，推进存量农房微改造和新建农房风貌大提升，全省推进美丽家园、美丽田园、美丽河湖、美丽园区、美丽廊道建设，分类推进美丽宜居村和特色精品村建设。创建美丽宜居村12214个，特色精品村1316个，其中42个村庄入选全国乡村旅游重点村，沿线连片支持县域建设美丽乡村，已有16个生态宜居美丽乡村示范县形成全域生态化、景观化。②三是保护修复农村生态环境。重点建设林带绿道、蓝色海岸带、万里碧道，系统开展山水林田湖海整治工作，建设粤北生态保护区，打造森林和田园生态珠三角，完善岭南田园生态系统，建立健全生态保护长效机制。四是不断提升农村基础设施建设条件。围绕道路、供水、电网、信息化等重点，全面开展村庄基础设施提升工程，同时优化布局教育、卫生、养老托幼等与人民群众美好生活需要息息相关的民生资源，切实补齐制约农业农村高质量发展的基础设施短板，加快提升乡村生活宜居便利水平。

---

① "四小园"指小菜园、小果园、小花园、小公园等小生态板块。
② 《广东十年推动乡村风貌历史性飞跃》，《南方日报》2022年9月27日。

特色乡村风貌有待彰显。尽管广东村庄已整体实现了干净整洁的历史性转变，并创建了一批美丽乡村示范样板，带动了全省美丽乡村建设，但与新时代人民群众对生态宜居美丽乡村的要求相比较，还有一定差距。一方面是乡村人居环境品质还有待提升。主要是乡村基础设施建设还不够现代化，乡村风貌管控还有待进一步提升，自然生态和生产生活空间要进一步统筹协调，乡村形态空间还有待进一步优化。另一方面是实施乡村风貌提升过程中相对缺乏传统文化传承与发展的维度。全省乡村建设的地域特色不够显著，广府、侨乡、潮汕、客家等岭南特色文化仍需与乡村风貌提升有机融合，岭南文化底蕴有待充分彰显。

（三）农民增收致富卓有成效，城乡居民收入差距不小

农民增收致富卓有成效。近年来，广东大力拓宽农民收入增长渠道，加快建立健全农民稳定增收机制，农村居民收入实现较快增长，2023年农村居民人均可支配收入为25142元[①]，农民生活越过越好，特别是以下方面尤为突出：一是大力开展职业技能培训。深入推进"粤菜师傅""广东技工""南粤家政"三项工程，加强农民职业培训和技能提升，助推农民拓宽就业面，促进农民收入增长。"粤菜师傅""广东技工""南粤家政"三项工程培训893万人次[②]，成为广东农民高质量就业的一张闪亮名片。二是建立健全联农带农利益联结机制。近年来，广东大力发展现代农业产业园，培育新型农业经营主体，联农带农成效显著。尤其是粤东、粤西、粤北地区的省级产业园在吸引返乡创业人员、吸纳农民本地就业、辐射带动农户，让小农户融入产业链，共享价值链，推进农民增收的效果比较明

---

① 《2023年广东居民收入和消费支出情况》，国家统计局广东调查总队网站2024年1月18日。

② 《政府工作报告——2023年1月12日在广东省第十四届人民代表大会第一次会议上》，《南方日报》2023年1月18日。

显。三是大力发展新型农村集体经济带动农户增收。加快活化利用村集体资产资源，以村级工业园区升级改造为载体提升村集体经济收益，支持村集体经济组织大力发展现代农业、乡村旅游、物业租赁等，通过发展壮大农村集体经济增加农民财产性收入。

城乡居民收入差距不小。尽管广东推动农民增收致富取得了明显成效，但农民总体上还不够富裕、不够富足，城乡发展不够均衡。一方面是城乡居民收入差距较大的局面仍然未根本改变。2023年广东城镇居民人均可支配收入59307元，农村居民人均可支配收入25142元，城乡收入比为2.36∶1，[①]距离实现城乡融合高质量发展还有一定差距。另一方面是促进农民收入跃升机制有待建立健全。尤其是推进农村低收入人口收入增长，降低返贫、致贫风险因素，巩固拓展脱贫攻坚成果，接续全面推进乡村振兴的任务还很艰巨。

二 广东建设宜居宜业和美乡村的生动实践

2023年以来，广东在建设宜居宜业和美乡村中，坚持以问题为导向，着力破解制约广东农业农村高质量发展的痛点、难点问题，全省21个地市全部出台了相关专项文件，相关省直部门出台了一系列支持措施，开创了举全省之力建设宜居宜业和美乡村的新局面。各地全面推动产业、人才、文化、生态、组织振兴，突出重点，攻坚克难，涌现出一批富有特色、富有思路、富有成效的乡村振兴新模式，形成了一批可推广、可复制的工作经验。

---

① 《2023年广东居民收入和消费支出情况》，国家统计局广东调查总队网站2024年1月18日。

（一）建设现代乡村产业体系，跑出产业发展"加速度"

大力发展岭南特色农业。广东立足资源特色、产业基础和区位优势，聚焦荔枝、龙眼、香蕉、菠萝、芒果、柑橘、蔬菜、丝苗米、茶叶、花卉、南药、畜牧水产等实施岭南特色农业培育工程，深入发展"一村一品"，尤其注重推动当地特色产业一二三产业融合发展，使农民致富路越走越宽。如茂名高州市根子镇柏桥村依托当地荔枝产业特色，通过整合种植、加工、物流、文化等资源，实现了一二三产业融合发展，成为省级"一村一品"荔枝生产专业村，成功走出了一条以荔枝增产助推农民增收，具有荔乡特色的致富路。2023年4月11日，习近平总书记来到广东茂名高州市根子镇柏桥村考察调研。他指出："这里是荔枝之乡，荔枝种植有历史传承和文化底蕴，特色鲜明，优势明显，市场空间广阔，要进一步提高种植、保鲜、加工等技术，把荔枝特色产业和特色文化旅游发展得更好。"牢记总书记嘱托，柏桥村进一步聚合各方资源，谋划发展壮大荔枝产业。第一，围绕荔枝做优做强农产品加工业。除了将生鲜荔枝制成传统的荔枝干以外，该村还生产荔枝酒、荔枝蜜、荔枝发酵饮品等荔枝特色加工产品，以发展荔枝特色深加工促进荔枝农产品实现产业链增值。第二，围绕荔枝积极拓展农业多功能。通过将种植荔枝的历史文化与美丽乡村融合发展，柏桥村发展了以荔枝为特色的乡村旅游，例如荔枝采摘体验活动、荔枝主题文化节和研学乡村振兴等活动。第三，围绕荔枝整合资源进一步发展农业特色村。柏桥村以"统一认识、统一技术、统一IP、统一宣传"四个统一为主要抓手，深入推动"12221"市场体系建设，扎实推动荔枝全产业链发展，促进小荔枝发展成大产业。

率先发展预制菜产业。预制菜一头连着田头，一头连着餐桌，是农村一二三产业融合发展的新模式，是乡村产业高质量发展的新产业新业态。

2023年中央一号文件首次提出"培育发展预制菜产业"。2023年7月国家发展改革委发布《关于恢复和扩大消费的措施》,提出"挖掘预制菜市场潜力,加快推进预制菜基地建设",预制菜产业进入飞速发展的轨道。广东发展预制菜产业具有得天独厚的优势,水果、蔬菜、畜禽、水产品等农产品产量位居全国前列,仓储冷链物流服务发展迅速,面向粤港澳大湾区消费市场广阔。发展预制菜产业,广东重点从以下方面发力:第一,政府出台引导扶持政策,相关企业抢占市场。2022年3月,广东省人民政府办公厅印发《加快推进广东预制菜产业高质量发展十条措施》,成为全国首个在省级层面出台发展预制菜产业相关政策的省份。2022年9月,广东省政府办公厅印发《广东省推进冷链物流高质量发展"十四五"实施方案》,提出夯实农产品产地冷链物流基础,提高冷链运输服务质量,优化重点品类冷链物流服务等重点举措助推预制菜产业发展。同时,各地纷纷部署发展预制菜产业,如佛山提出要建设特色农产品预制菜加工产业园,江门出台了《江门预制菜十二条政策措施》,肇庆市高要区加快建设粤港澳大湾区(肇庆高要)预制菜产业园等;企业也加快进入预制菜产业赛道,现已培育出一批预制菜头部企业或细分领域金字塔企业。第二,推动预制菜产业园区域化、差异化发展。2022年,广东在广州、珠海、佛山、江门、惠州、肇庆、湛江、茂名、韶关、潮州10个地市规划建设11个预制菜省级现代农业产业园,壮大预制菜产业集群。预制菜产业园的建设将为当地乡村带来新的发展动力,如惠州市博罗县预制菜产业园联农带农项目落户泰美镇车村村,将更好推动周边养殖户分享农业产业链价值,带动村民就业增收。第三,促进产销有效对接,推动预制菜产业"出圈"。通过需求端、供给端两端发力,完善线上线下营销渠道,举办预制菜"双节营销"、首届中国(国际)佛山预制菜产业大会、中国年鱼博览会等活动使广东美味频频"露面",知名度和影响力不断提升。第四,以科技赋能预制菜产业发展。广东已积累了超高压锁鲜、新型绿色保鲜材料、无菌封装、"粤式特色风味水产品预制菜加工关键技术"等一批领先技术，未来将继续向预制菜装备化、智能化升级。

领先建设现代化海洋牧场。拥有丰富的海洋资源是广东因海而兴、向海图强的基础。习近平总书记心系海洋，指出："解决好吃饭问题、保障粮食安全，要树立大食物观，既向陆地要食物，也向海洋要食物，耕海牧渔，建设海上牧场、'蓝色粮仓'。"为深入学习贯彻习近平总书记视察广东重要讲话、重要指示精神，深入践行大食物观，推动海洋渔业转型升级，促进现代化海洋牧场高质量发展，2023年9月广东省委农办、省农业农村厅印发《关于加快海洋渔业转型升级 促进现代化海洋牧场高质量发展的若干措施》，进一步推动渔业养殖转型升级，发展现代化海洋牧场。第一，加强优质品种培育。近年来，在"粤强种芯"工程带动下，广东已经培育了金鲳、石斑鱼、军曹、鮸鱼、章红、花鲈、笛鲷等适合深远海养殖的高价值优良品种。同时，广东将在湛江、阳江、惠州、珠海、潮州等地建设一批深远海养殖鱼类遗传育种中心和省级水产良种场，并培育一批"育繁推一体化"的"现代化海洋牧场种业"龙头企业，推动构建现代化海洋牧场种业体系。第二，加快打造产业发展平台。广东通过给予优惠政策，推动土地、海域、资金等资源要素向园区集中，打造一批"拎包入住"的产业平台载体，建设一批产加销贯通、渔工贸一体、一二三产业融合发展的现代化海洋牧场产业园。目前，深圳、湛江、汕尾、珠海、江门等地已经开工建设了一批现代化海洋牧场项目。第三，引导组建产业联合体，完善产业链利益联结机制。广东提出依托现代化海洋牧场一级开发主体、链主企业、大型龙头企业组建产业发展联合体，以"大渔带小渔""新型带传统"带动中小企业、渔民专业合作社转型升级，形成协同、高效、融合的大中小企业融通创新生态。完善利益联合机制，重点推广"企业+合作社+渔户"合作发展模式，发展壮大村集体经济，让渔民获得更多利益。

（二）实施美丽乡村建设行动，绘就乡村风貌"靓图景"

人居环境提"质"增"颜"步向现代化。美丽乡村不仅体现为环境美，还体现为生活美。广东一手抓农村人居环境整治，一手围绕农民生活品质提升抓好村庄基础设施建设，使美丽乡村兼具"面子"和"里子"。第一，加强规划建设，抓好村落环境重点整治。2018年10月23日，习近平总书记到清远连樟村视察，并发表了重要讲话。连樟村村民们牢记习近平总书记的嘱托，努力将连樟村打造成乡村振兴的"样板村"。在美丽乡村建设方面，该村从"三清三拆三整治"开始，对村庄进行规划建设，统一改造楼房外立面，整治生活垃圾脏乱点，参与建设了万里碧道，建成连樟客厅、乡村振兴学院等设施。连樟村改变了过去基本没有村庄规划、基础设施落后、村容村貌较差、有新房无新村的现象，成功实现了相对贫困村的美丽蜕变。第二，全面提升精细化管理水平，推动形成美丽乡村建设长效化机制。东莞把人居环境整治和美丽乡村建设作为基础性工程，围绕群众最关心、最现实的农村环境问题开展工作，以"绣花"功夫促进人居环境提档升级。如中堂镇潢涌村持续推进农房管控、厕所革命、垃圾分类等专项工作，升级改造周边河涌，推动环境卫生综合整治。道滘镇大岭丫村则在保持村庄整洁，建立长效管护机制方面探索，组建了以本地村民优先的保洁队伍，实施环卫保洁自聘模式，有效调动村民建设美丽乡村的主人翁精神。第三，推动美化家园、升级基础设施和发展乡村旅游有机融合，促进生产生活生态"三生"共融共生。佛山市顺德区陈村镇仙涌村一方面以打造岭南水乡风貌为主题，改善人居环境。另一方面以传承朱子文化，展示年桔文化，打造特色乡村旅游为目标，修葺活化一批古建筑、旧物业，并建成朱子学堂、年桔文化展示馆、花村振兴展示馆等一批展馆。2023年，仙涌村成功入选"中国美丽休闲乡村"。

以点带面建设美丽乡村升级美丽经济。广东推动美丽乡村建设注重从点到面，从一村美到全域美，从一村一景到连片成带，从各美其美到美美与共，共建美丽乡村。同时，广东各地立足资源禀赋、产业基础、生态条件、旅游资源，抓住建设乡村振兴示范带的机遇，推动乡村旅游发展，促进美丽乡村转化为美丽经济。近年来，广州围绕高质量建设美丽生态、美丽经济、美好生活"三美融合"新乡村示范带，通过拓展农业多种功能，挖掘乡村多元价值，打造"外在美""内在美""全域美""持久美"的"四美"新乡村示范。① "外在美"重点通过提升人居品质、村容村貌、基础设施、公共服务等，构建乡村与山水格局、自然环境融合协调格局，彰显广州地域特色。"内在美"重点是在改善人居环境，提升乡村风貌的基础上，加强乡风文明建设，提高农民精神文化修养，提升美丽乡村的内涵。"全域美"重点在通过打造一批具有鲜明产业优势、宜居宜业宜游、岭南文化底蕴深厚、乡村治理有效的新乡村示范带，以示范带辐射全域乡村振兴。"持久美"重点是着力构建美丽乡村长效管护新机制，注重引入社会力量参与，调动村民积极性，实现示范带长久美丽。除广州以外，佛山"百里芳华"、茂名"精彩100里"等示范带也主题鲜明，汕尾陆丰市着力建设滨海走廊、龙潭湖谷、山水画廊、谷乡慢城、浪漫荷香、薪火蓝湾6大特色主题带，覆盖面积最广，取得了显著成效，乡村振兴的品牌效应逐步凸显。

文化塑造美丽乡村风貌。习近平总书记指出："乡村文明是中华民族文明史的主体，村庄是这种文明的载体，耕读文明是我们的软实力。"广

---

① 《从建设美丽乡村向运营美丽乡村转变 广州打造"四美"新乡村示范带》，《广州日报》2023年2月14日。

东大力挖掘岭南乡村文化资源，加强地域特色非物质文化遗产的保护和活化，将乡村文化传承发展与美丽乡村建设有机融合。第一，突出保护活化历史文化建筑，促使传统村落焕新颜。江门开平市塘口镇强亚村作为美丽侨村，依托碉楼文化资源，串联景区、民宿、田园，连片打造乡村旅游示范区，培育亲子、研学、度假等乡村旅游新业态，建设充满碉楼文化风情的秀美村庄。第二，突出乡村史志文化传承，再现美丽乡村乡愁记忆。南海围绕创建广府文化（南海）生态保护区，深入推进"一村一史一志"工程，鼓励各村编写村史、村志、族谱，修缮祠堂古建，如西樵镇上金瓯社区松塘村的村民近年来自发大规模修缮文物。从化编制了《小史馆·大使命——从化村史馆建设指南》，建设了南平、罗洞、格塘、莲麻等20个村史馆。第三，突出传统文化进乡村，激活美丽乡村建设源泉。2020年习近平总书记在潮州考察时指出："以潮绣、潮瓷、潮雕、潮塑、潮剧和工夫茶、潮州菜等为代表的潮州非物质文化遗产，是中华文化的瑰宝。"2022年7月，广东省文化和旅游厅、广东省人力资源和社会保障厅、广东省乡村振兴局联合印发《关于开展非遗工坊建设 助力乡村振兴的通知》，推动开展非遗工坊建设工作，开展非遗保护传承，带动村民就业，促进岭南优秀传统文化在美丽乡村创造性转化、创新性发展。广东潮州以"潮剧进乡村"为抓手，使乡村成为潮剧传承发展的主阵地，使"老潮剧"焕发"新活力"。村民们自发成立潮剧相关的民间文化组织，乡村旅游景点设置潮剧表演节目等，为美丽乡村建设注入源源不断的文化能量。

（三）壮大新型农村集体经济，探索富村富民"新路径"

探索村集体、农村经营主体、农民联动共富模式。习近平总书记十分重视农民利益共享问题，他在2022年中央农村工作会议上强调："要完善联农带农机制，注重把产业增值收益更多留给农民，让农民挑上'金扁担'。"2023年8月，广东为发展壮大农村经营主体，增强农业农村发展新动能，出台《广东省发展壮大农村经营主体若干措施》，围绕提升准入准营便利化水平、发展新型农业经营主体、加大农村创业扶持力度等五个方面提出了鼓励新型农村集体经济发展、促进农民专业合作社多元化、支持家庭农场转型升级等31条举措。近年来，广东各地大力推进农民专业合作社发展，特别是注重结合当地特色农业和"12221"市场体系建设，延长产业链和价值链，构建村、企、农利益共同体，切实做到联农带农富农。以广东惠州广博大种植专业合作联社为例，[1]该联社围绕"党建""联合""服务"做文章，有效地发挥了农民专业合作社对服务农村、富裕农民的重要作用，被评为国家农民合作社示范社。第一，以党建引领持续发展。联社充分发挥懂农业、爱农村、爱农民的党支部农民服务队的骨干作用，一方面开展定期的培训活动，另一方面组织成员社的技术骨干、党员农技专家、返乡青年，以结对帮扶、联系帮扶等形式为需要帮扶的成员社和农户提供技术支持。第二，强化联社联合功能构建利益共同体。联社制定农业生产标准和产品上市标准，确保联社成员农产品质量，提高市场竞争力。联社、成员社、农户各自承担不同职责以提升联社运作效率，主动帮扶博罗县多个行政村，开展生产托管服务，助力当地乡村振兴。第三，全方位提升联社服务品质。在硬件农产品产销服务设施方面，联社围绕农产品的仓储、分拣、检测、溯源、展示、宣传环节建立了一条龙服务体系，所有产品统一进行分拣、加工、检测等，极大地便利联社成员。在品牌服务方面，联社引导成员社、农户统一种植品种，同时对交由联社销售的农产品执行统一的收购标准，并明确规定联社品牌由成员社共同所有，不断扩大当地公用品牌影响力和知名度。此外，联社还帮助成员

---

[1] 《全国农民合作社典型案例（2022年）》，中华人民共和国农业农村部网站2023年3月29日。

社开展示范创建工作，现有4家成员社被评为国家级农民合作社示范社。在销售渠道服务方面，联社积极对接市场，开拓了商场超市、企事业单位、线上电商等销售渠道。在农业生产托管服务方面，联社成立了旨在为成员社、农户提供病虫害防治、农作物管理等方面的农艺、农技服务的专业团队；联社还联合农机专业合作社、种植专业合作社等专业农业服务企业，为农户提供耕种管收托管服务。

推动发展物业经济。在经济较为发达的珠三角地区，物业经济是村集体经济的重要组成部分，也是村民收入的重要来源。近年来，珠海大力推动"村村有物业"，2022年8月出台《珠海市发展壮大村级集体物业经济工作方案》，提出大力发展村级集体物业经济，到2026年底，全市100%行政村有经营性物业收入的目标。截至2022年年底，全市122个行政村集体经济总收入6.23亿元，比2021年增长9.49%，100%行政村年总收入超过100万元。[①]目前，珠海因地制宜，积极探索物业经济发展新模式。第一，活化古村，升级改造旧物业，引入文旅新业态。高新区会同村引入了珠海华发集团负责推进古村活化工作及建成后的物业管理工作，会同村在古村活化过程中坚持"先保护后开发""修旧如旧"的原则，确保古村风貌完好，同时引入书店、民宿、咖啡店等新业态，古建筑、新业态的完美结合吸引了众多游客打卡"网红村"。第二，探索"村集体+国企"共建产业新空间发展模式。高新区永丰社区以盘活存量闲置土地资源为突破口，以"国企+村集体"共建产业新空间为路径，以"土地流转+物业分成+统一运营"为合作模式，以打造新型超级工业社区"港湾7号·智造超级工厂"和建设5.0产业发展新空间为目标，创造性地打造了"永丰模式"。第三，探索打造"产业配套服务+乡村休闲商旅"复合型物业经济模式。

---

① 《"村村有物业"多点开花 集体经济不断壮大 珠海打开村集体经济发展新局面》，《珠海特区报》2023年9月14日。

斗门区夏村围绕富山工业园生活配套区的发展定位，整合土地资源，引入企业共同开发项目，增加集体经济收入。该村与格力集团共同开发"格创·龙蟠坊"项目，成功打造了珠海首个"产业配套服务＋乡村休闲商旅"综合体，覆盖酒店、餐饮、娱乐等休闲业态。该项目合作模式坚持"村集体提供用地，国企运营管理，期间持续支付土地合作金，期满无偿返还物业资产"。目前项目已建成运营，可创造200个就业岗位，村集体平均每年可从中获得增收500万元。[1]

探索发展强镇富村公司实现镇村共富。在经济欠发达地区，发展乡村产业，提振村集体经济有助于建设美丽乡村，促进富村富民。近年来，韶关强化组织引领、健全制度建设，坚持市场化原则，以强镇富村公司为抓手，大力盘活镇村资源，全面推进新型农村集体经济发展壮大，积极探索经济欠发达地区镇村经济高质量发展新路子。第一，强化政策保障，加强规范管理。韶关引导镇（街）经济联合总社、村集体（单个或多个）经济组织按比例入股，联合成立强镇富村公司，以村村参与、以镇带村、抱团发展的模式促进提升村集体经济发展动能，探索村村共富新模式。同时，为了推动强镇富村公司可持续发展，韶关制定了相关规范文件和支持政策，引导强镇富村公司建立现代企业制度，明确经营项目的"负面清单"。第二，培养好强镇富村公司管理团队。一方面突出头雁引领，加强村级党组织书记培训，引导村级党组织创办领办合作社。另一方面鼓励有条件的强镇富村公司向社会招聘职业经理人，号召乡贤回乡共谋乡村发展大计，组织各类相关培训班，不断提升管理人员的运营能力和业务水平。第三，多元拓展经营业务。各强镇富村公司依托镇村资源因地制宜开发经营项目，如助农服务、物业出租经营、乡村文旅运营、现代农业发展等。

---

[1] 《"村村有物业"多点开花 集体经济不断壮大 珠海打开村集体经济发展新局面》，《珠海特区报》2023年9月14日。

同时，韶关大力引导强镇富村公司承接保洁类生活服务、农田水利设施建设以及绿化养护等美丽乡村建设项目，有效地解决了公司经营可持续发展的问题，并为村民提供就近就业机会。

（四）汇聚各类人才干事创业，培育乡村蜕变"生力军"

构建多层次乡村人才队伍。人才是第一资源，要加大力度解决乡村人才相对匮乏问题，让各类人才在乡村建功立业。第一，加强乡村人才振兴顶层设计。近年来，广东深入实施乡村建设人才培育工程，创新乡村人才培育机制和方式，畅通乡村人才成长通道，将乡村人才振兴工作纳入乡村振兴实绩考核，全力推动乡村人才振兴工作。第二，建强乡村基层干部队伍。习近平总书记强调："乡村振兴，关键在人、关键在干。必须建设一支政治过硬、本领过硬、作风过硬的乡村振兴干部队伍。"为充实农村基层干部队伍，广东重点突出乡村干部"引进来""育起来"，通过科学选拔村委干部，鼓励大学生返乡等，使农村基层干部队伍素质不断提升。如出台"大学生村官""育苗"工程村级后备干部培养类政策，完善人才引进和培训机制，帮助青年干部迅速成长为助力乡村振兴有为干部，培养一支扎根农村的干部队伍。第三，选准专业人才下沉乡村。广东各地围绕"1310"具体部署和"百千万工程"重点工作需要，积极动员人才下乡，尤其突出选派专业对口人才下沉到县镇村，助力乡村高质量发展。如汕头采取"组织点名+单位推荐"相结合的方式，选派"及时雨"式干部加入乡村振兴人才队伍。第四，动员广大青年学子积极投身乡村建设。2023年8月，广东启动百校联百县助力"百县千镇万村高质量发展工程"行动，首批82所高校院所和57个县（市、区）全部完成结对签约工作。①其中，

---

① 《全部签约！广东省"双百行动"首批82家高校院所与57个县（市）成功结对》，广东省教育厅网站2023年8月15日。

中山大学作为首批完成结对签约的高校之一，针对当地所急所需，梳理项目清单，统筹人才资源，探索打造可持续发展的产学研一体化发展模式。在2023年暑期组织了11支青年大学生"百千万工程"突击队及多支社会实践队伍1000余人赴结对县市开展专业实践，助力当地经济社会发展。[①]

全方位提高乡村人才技能。第一，加大力度培育精勤农民。为提高农民素质，广东推出百万农民线上免费培训工程，搭建广东精勤农民网络培训学院等学习平台。邀请农业专家通过直播间、客户端等媒介，将农产品种养技术、销售营销技巧等相关课程精准推送到农民，并开通了互动交流渠道让农民进一步学习掌握相关知识。完成相应课程学习的农业从业者，将获得"精勤农民"学位。第二，大力培育乡村复合型经营人才。2023年9月，广东正式启动农村职业经理人培育工作，一方面计划三年为全省乡村培养超过1000名与乡村产业发展相适应、与乡村运营相匹配的经营人才。另一方面通过农业职业经理人对接城市资源，嫁接管理模式，打造乡村特色产业、发展乡村文旅经济。[②]第三，大力推进技能工程建设。广东继续推动"粤菜师傅""广东技工""南粤家政"三项工程走深走实，突出擦亮品牌，增强技能人才竞争力，打造闪亮的"广东名片"。广州增城建设"增城妈妈"三级服务体系[③]，并拓宽线上教学渠道，开发与"增城妈妈"技能培训匹配度高的工作岗位，大力引导农民参加"增城妈妈""南粤家政"等技能培训项目，助力农民就业增收。第四，组建农村科技特派团助力农民提升技能。农村科技特派员作为广东农村创新驱动发展的重要力量，以培训、示范、指导等形式将新技术、新品种、新成果转

---

① 《推动"百千万工程"不断走深走实！广东奋力开创城乡区域协调发展新局面》，南方新闻网2023年11月7日。

② 《广东启动千名农村职业经理人培育计划 今年招100名学员，三年培育超千名农村职业经理人》，广东省农业农村厅网站2023年9月28日。

③ "增城妈妈"三级服务体系是指在区里、镇街级与行政村都建有"增城妈妈"服务点。

化落地到农村一线,不断扩大农户和农技人员培训规模,助力农业现代化。在此基础上,广东将推进农村科技特派员"组团式"帮扶新模式,在市、县设立农村科技特派团工作站,组建跨学科、跨领域、多单位合作的农村科技特派团,集中力量突破制约农业农村发展难题。

(五)推动提升乡村治理效能,激活乡村振兴"原动力"

推动党建引领乡村振兴。构建现代化乡村治理体系,要突出党建的引领和凝聚作用,充分调动村民积极性和主体性,促进乡村全面振兴。佛山南庄镇紫南村坚持以党建引领乡村治理,探索"强党建"引领"新发展"之路,先后被评为"全国民主法治示范村""全国乡村治理示范村""全国先进基层党组织""全国乡村旅游重点村"等,并成为佛山第一个全域成功申报4A级景区的村庄。第一,不断加强农村基层党组织建设。紫南村从队伍建设、阵地建设、制度建设、经费保障等方面做实做细,确保基层党支部建设标准化和规范化。如在阵地建设方面,紫南村建有党建会议室和党群服务中心,并在村内文化广场设置党建工作宣传栏、党务信息公示栏。第二,以党建引领乡风文明建设。在党建强有力的引领下,紫南村深入挖掘本村历史文化,传承优良家风,弘扬社会主义核心价值观,涵养乡风文明,为乡村振兴积蓄力量。紫南村建设了仁善"三馆",即广府家训馆、佛山好人馆、紫南村史馆,持续举办"仁善紫南"系列美德人物评选活动。通过评选"紫南孝子""紫南好媳妇""优秀新紫南人""紫南仁善家庭"等先进典型,传承优良家风,弘扬时代新风,以讲述好人故事带动乡风文明建设。第三,打造乡村文化振兴品牌。紫南村出版了第一部村史《桑基鱼塘话紫南》、面向基层农村干部的实用工具书《为什么是紫南?——乡村治理"紫南模式"70问》,编撰了《紫南村党建引领自治管理制度汇编》,成立紫南艺术团并开发了《这,就是紫南》大型文艺演出项目，努力探索一条文化兴村之路，不断擦亮"仁善紫南"品牌。①

推动完善乡村治理体系。习近平总书记在2020年中央农村工作会议上指出："我国农村社会处于深刻变化和调整时期，出现了很多新情况新问题，虽然错综复杂，但归结起来就是一个'散'字。"广东积极实施乡村治理能力提升工程，深化党建引领下的乡村"三治结合"实践，开展乡村治理示范创建，乡村治理效能不断提升。第一，突出良法善治。茂名高州市根子镇元坝村是广东省首届《乡村振兴大擂台》的冠军，同时还是"全国民主法治示范村""第二批全国乡村治理示范村"。元坝村打造了法治主题文化广场和法治主题长廊，在村内布置了内容丰富的法治宣教标语，打造特色普法阵地，让村民潜移默化提升法治素养。该村建立司法惠民服务中心，可为群众提供法律咨询、诉前调解、诉讼服务等，并向广大干部群众开展法治宣传教育，注重在调解中向群众普法释法，引导村民在调解中学法用法。加强法治人才队伍建设。鼓励村民参与学法培训，开展"法律明白人""农村学法用法示范户"典型培训，组建一支精通法律，热爱基层工作的法治人才队伍，不断提升乡村法治建设水平。第二，突出村规民约。阳江市阳西县沙扒镇渡头村将村规民约作为乡村治理的重要抓手，注重调动村民参与村规民约制定过程，以村规民约引导和约束村民行为规范，在推进移风易俗、弘扬文明新风、提升村民文明素质、推动乡村人居环境整治和美化及共建美丽乡村方面发挥了重要作用。2023年，渡头村入选第三批全国乡村治理示范村镇。渡头村现已制定出包括乡风易俗、道路交通、卫生文明等内容的村规民约，并且设置了奖罚机制，有效引导村民言行，凝聚力量共建和美渡头村。第三，积极探索"矛盾不上交"新模式。湛江各地依托村民身边熟悉的场所如"铺仔""凉亭"等，以化

① 《佛山市紫南村：打造高品质魅力紫南》，中国小康网2022年12月15日。

解村民之间的矛盾纠纷、服务人民群众为目的，创造性打造了"咱村铺仔""和事堂""和事亭""百姓话亭"等平台，推动构建乡村治理新模式。坡头区将自然村里群众日常购买生活用品的"铺仔"升级打造成"咱村铺仔"，村民可在"咱村铺仔"议事、休闲、兑换文明积分等。遂溪县岭兆镇田增村将闲散的空房子打造成具有化解邻里矛盾纠纷，构建融洽邻里关系功能的"和事堂"，邀请老党员、退休干部和教师、新乡贤等作为"和事佬"，帮助村民解决各类小矛盾小纠纷。

▼三 广东建设宜居宜业和美乡村的鲜明特色

2023年以来，广东切实抓好乡村振兴各项工作，以农业高质高效，乡村宜居宜业，农民富裕富足为目标，突出补短板强弱项拓优势，美丽乡村建设取得了更多实效。特别是形成了坚持强化产业支撑，坚持建设美丽乡村，坚持推动强村富民，坚持培育人才队伍，坚持创新乡村治理等五大经验，为广东农业农村现代化、城乡区域协调高质量发展奠定了坚实基础。

（一）坚持强化产业支撑，不断激发乡村内生动力

乡村产业振兴，离不开"土特产"。习近平总书记强调，推动产业振兴，"要把'土特产'这3个字琢磨透"。"要紧紧围绕发展现代农业，围绕农村一二三产业融合发展，构建乡村产业体系，实现产业兴旺。"产业兴则乡村兴，产业兴旺是乡村振兴的重中之重和实际工作的切入点。农业强省是再造新广东的根基，构建现代乡村产业体系是实现农业高质量发展的关键抓手。

在广东的生动实践中，各地围绕建设农业强省，着力做好"土特产"

这篇大文章，加快构建现代乡村产业体系，促进乡村产业振兴。各地紧扣建设岭南特色现代农业产业体系、生产体系和经营体系的发展目标，立足本地农业资源优势和地理位置优势，大力发展岭南特色农业、大力发展岭南特色产业体系，加快发展预制菜产业和海洋经济，抢占现代农业新赛道，促进农业高质高效发展，不断升级"粤字号"农产品新优势。

（二）坚持建设美丽乡村，促进乡村环境"粤来粤美"

美丽乡村是对农民美好生活期待的回应。习近平总书记强调："我们要通过实施乡村建设行动，深入开展农村人居环境整治，因地制宜、实事求是，一件接着一件办，一年接着一年干，把社会主义新农村建设得更加美丽宜居。" 实施美丽乡村建设行动是乡村振兴的应有之义，是满足人民群众对优质居住环境和现代化生活条件渴望的重要途径，也是一个久久为功，不断升级丰富的过程。

在广东的生动实践中，各地在实现乡村风貌历史性飞跃的基础上，持续推进美丽乡村建设，努力让农村具备更好的生产生活条件，让广大农民过上现代文明生活。在乡村基础设施方面，完善各类基础设施，提高农民生产生活设施便利度。在基本公共服务方面，进一步扩大各类优质资源供给规模，让更多农民享受优质服务。在乡村风貌建设方面，要求各地按照地域、文化特色等进一步丰富美丽乡村的内涵建设，让乡村成为农民热爱的美丽家园。

（三）坚持推动强村富民，加快实现农民共同富裕

没有农民的富裕，就没有全体人民的共同富裕。党的二十大报告提出"巩固和完善农村基本经营制度，发展新型农村集体经济，发展新型农业经营主体和社会化服务，发展农业适度规模经营"。2023年4月习近平总

书记在广东考察时强调，"发展新型农村集体经济，深入实施乡村建设行动，促进共同富裕"。发展新型农村集体经济是实现共同富裕、促进城乡融合发展的重要途径。

在广东的生动实践中，各地因地制宜，坚持宜农则农、宜工则工、宜商则商、宜游则游，探索不同资源条件下发展集体经济的新模式。如农产品种养的专业村集体，发展农业合作社，构建联农富农机制，让更多村民加入产业链价值分享中。土地资源、乡村旅游资源丰富的村集体，主攻盘活土地、乡村非遗等农业农村各类资源，发展出租物业、乡村旅游等业态；组建强镇富村公司，发展乡村建设相关业务，吸纳村民本地就业；大力引入社会资源，积极探索村集体和社会资本新的合作模式，创新性升级改造原有物业，提升物业价值等。

（四）坚持培育人才队伍，厚植乡村人才振兴沃土

乡村振兴关键靠人。习近平总书记在2022年中央农村工作会议上指出："人才是最宝贵的资源，是加快建设农业强国的基础性、战略性支撑。一些农村发展乏力，关键在于缺人才，缺发展引路人、产业带头人、政策明白人。"建设宜居宜业和美乡村，加快培养一支懂农业、爱农村、爱农民的人才工作队伍是其中不可缺少的工作重点。

在广东的生动实践中，各地以问题为导向，聚焦解决乡村人才较为匮乏的问题，全力打造农业农村高质量发展主力军，全方位多层次构建乡村振兴人才体系。具体包括：加强农业农村人才顶层设计，建强乡村基层干部队伍，选准专业人才下沉乡村，动员广大青年学子积极投身乡村建设，加大力度培育精勤农民，大力培育乡村复合型经营人才，大力推进技能工程建设，组建农村科技特派团助力农民提升技能等。

（五）坚持创新乡村治理，打造乡村治理广东示范

乡村振兴离不开稳定有序、充满活力的乡村社会。习近平总书记指出："乡村振兴不能只盯着经济发展，还必须强化农村基层党组织建设，重视农民思想道德教育，重视法治建设，健全乡村治理体系，深化村民自治实践，有效发挥村规民约、家教家风作用，培育文明乡风、良好家风、淳朴民风。"党建引领下的自治、法治、德治相结合的乡村治理体系是乡村振兴的重要组成部分。

在广东的生动实践中，各地坚持党建引领乡村治理，大力健全党组织领导的自治、法治、德治相结合的乡村治理体系，构建乡村治理共同体。如通过建强党组织，发挥党员的带头作用，以党组织凝聚人心，推动村民共同参与乡风文明建设、人居环境美化；鼓励村民发挥主观能动性，根据实际情况协商制定村规民约，通过一定的方式引导和约束村民遵守村规民约，以主人翁精神推进美丽乡村建设；支持各地积极探索"矛盾不上交"新模式，进一步完善乡村治理的积分制，更好推进乡村善治。

第六章

统筹城乡融合发展，推进县镇村一体化进程

新时代新征程，广东通过"百千万工程"牵引，在百县的点上、千镇的线上、万村的面上，统筹城乡高质量融合发展，推进县镇村一体化进程。广东已进入城乡融合阶段，形成了从大城市到县城、到镇、到村的连接体，破除了单向城市化思维，增强了城乡连续体系的融合度、可连接性和要素流动，促进了城市和乡村的共同发展繁荣。在遵循经济社会发展规律的同时，广东始终把握城乡融合发展的正确方向，把县域作为城乡融合发展的重要切入点，科学把握县镇村各自的功能定位，把县的优势、镇的特点、村的资源更好地统筹起来，进行全局性谋划、战略性布局、整体性推进，并以城乡融合发展为主要途径，以构建城乡区域协调发展新格局为目标，壮大县域综合实力，全面推进乡村振兴，把县镇村发展的短板转化为广东高质量发展的潜力板。

一 广东统筹城乡融合发展的现实挑战

城乡融合发展是推进共同富裕的重要手段之一，也是"十四五"时期经济社会发展的重要目标。"十三五"时期以来，广东城乡基础设施和公共服务一体化取得积极进展，但城乡融合发展依旧面临诸多挑战，如城乡要素双向流动配置不足、产业协同创新发展深度不够、城乡生态治理体系亟须完善、乡村内生发展动力亟待增强、城乡基本公共服务差距显著等。

（一）城乡要素双向流动配置不足

城乡融合发展的核心是实现城乡要素自由流动、合理配置，发挥市场对资源配置的决定性作用。城乡融合发展战略和乡村振兴战略是一脉相承的，其出发点和落脚点均旨在通过以工促农、以城促乡解决"三农"问题，但目前城乡要素配置存在双向自由流动不足和反向推动作用欠缺的问题。

城乡要素双向自由流动不足。在计划经济体制下，为了推进城市和工业的发展，国家曾出台户籍制度把农村与城市的人口区分开，形成了城乡对立的二元社会结构，这种城乡二元体制阻碍了技术、市场、劳动力和资金等生产要素在城乡之间的交流，城乡分离的模式使得城乡发展差距越来越大。此外，在乡村地区环境和条件较差的情况下，资金和技术等要素因逐利困难而不愿下到乡村，大量乡村劳动力和精英人才都流向城市，使得农村懂科学技术、管理经营以及了解法律的人才十分稀缺，并导致农村劳动力呈现弱化和老化趋势，严重影响了农村经济的可持续发展。[①]

城乡要素反向推动作用欠缺。近年来，虽然广东农村土地流转效率得到有效提升，但劳动力仍在不断流失。2020年，广东家庭承包土地流转面积同比增长14%，居于五大经济强省首位。[②]但自2000年以来，广东第一产业从业人口便持续向第二、三产业转移。目前，广东城乡人口流动虽呈现出双向趋势，但因农村产业基础薄弱，城镇在城乡人口流动过程中始终占据主导地位，导致农村"留村"劳动力大龄化和受教育程度不高、"驻村"人口老龄化和低龄化。此外，土地流转规模有限，制约土地要素流通。2020年，广东土地流转面积为1551.19万亩，在五大经济强省中位居第

---

① 张嘉烙，陈景云：《"一核一带一区"新格局下广东城乡融合发展的路向——基于县域开发区的分析框架》，《广东经济》2022年第7期。

② 根据《2020年中国农村政策与改革统计年报》（农业农村部政策与改革司编，中国农业出版社2021年版）与《2021年广东城乡融合和发展报告》（社会科学文献出版社2021年版）整理。

4，仅高于浙江。同时，五大经济强省土地流转的主要流入主体为一般农户，其中广东一般农户占比为50.2%，高于全国的46.76%，但也仅次于浙江。[①]这种以农户为主要流入主体的模式会加剧土地流转的碎片化和分散化程度，削弱了资金和技术等要素的下乡积极性，并滞缓了土地经营机械化进程。2020年，广东第一产业固定资产投资增速达81%，领先于第二、三产业，但近四年的农业机械总动力、机耕面积和机播面积等指标增长较为缓慢。

（二）产业协同创新发展深度不够

如何高质量推进城乡融合发展，使城乡之间产业创新深度融合，为其他地区提供城乡融合发展经验是一个重要的课题。广东地处我国经济发达的沿海地区，经过多年的改革开放和快速发展，城乡面貌取得显著变化，城乡差距缩小，城乡融合发展势头初显，但目前依然面临产业协同深度不够、产业发展联动不足的问题。

城乡产业协同深度不够。由产业发展带动的就业扩容和收入增加是基础性的，是实现共同富裕的重要抓手，但相关数据表明，广东城乡二元经济结构和区域发展不平衡、不协调问题十分突出。虽然广东珠三角地区的人均GDP超过1万美元，但土地占全省70%及人口占全省50%的粤东西北地区的人均GDP仍低于全国的平均水平。[②]此外，广东珠三角核心地区的产业链高度和现代化程度直逼世界先进经济体，而粤东西北地区与珠三角经济发达地区相比，产业现代化水平明显较低，产业结构不够完善且发展模式单一，面向的市场也主要局限于当地，产业不协调、发展不平衡特征鲜

---

① 农业农村部政策与改革司：《2020年中国农村政策与改革统计年报》，中国农业出版社2021年版。

② 《粤东打破城市间行政壁垒 促产业转型升级》，中国经济网2013年11月19日。

明，这对村民就业和增收的带动辐射作用有限。[①]

城乡产业发展联动不足。广东城市空间的产业体系相对健全，产业整体的发展水平较高，然而由于城乡产业融合程度不深，进一步制约了城乡经济发展的联动性，从而使得城市难以通过产业来带动乡村经济发展。城乡产业融合不深，主要受到城乡产业结构、产业技术水平、产业发展空间和产业利益联结机制等方面的影响。从产业结构看，由于广东农村地区以农业为主，第三产业的规模偏小，产业结构相对低端，使得城乡之间的产业融合主要发生在产业链条较短的农产品加工业领域，产业融合对乡村经济的带动效应不强。从产业发展空间看，由于城市和乡村的工业发展水平处于不同阶段，乡村工业技术水平显著滞后于城市，这就导致乡村只能承接低技术水平和低附加值的加工制造环节，在不断趋严的资源和环境约束下，乡村承接加工制造环节的建设用地指标和能耗指标被不断压缩，从而制约着城乡产业融合的扩展。从产业利益联结机制看，由于在兴建产业融合园区、乡村生产基地等方面缺乏丰富有效的利益联结机制，造成城乡产业融合难以深入推进，从而容易导致园区建设与乡村振兴"两张皮"的后果。此外，农村产业技术水平低、产业人才匮乏、产业平台层次不高、产业配套条件不足等，也制约着城乡产业融合的推进。[②]

（三）城乡生态治理体系亟须完善

城乡生态治理强调人与自然和谐共生观念，强调人文历史与自然环境相结合，实现乡村生活和生产方式的绿色转型。城乡生态治理是城乡融合

[①] 卢彩：《共同富裕导向下广东城乡融合发展的机制优化》，《现代商贸工业》2023年第44期。

[②] 易云锋、刘舒、赵超：《城乡融合推进广东共同富裕的机制和路径研究》，《广东经济》2022年第11期。

发展的重要内容。当前，在推进"百千万工程"的实践进程中，存在如生态环境保护意识缺乏、乡村生态建设行动滞后、绿色发展制度供给不足等问题。

生态环境保护意识缺乏。部分村居组织教育群众参与生态治理的工作力度不强，没有立足于村民实际需要，村民生态治理思想欠缺。乡村治理者希望通过改善环境、促进经济增长，村民希望能进一步改善生活水平、增加收入。因此，二者目标的衔接断裂导致生态保护工作的效果不佳。此外，村民的工作多以农林牧渔业为主，受职业特殊性和文化水平较低的影响，村民普遍缺少自主美化庭院的意识和习惯，乡村卫生环境堪忧，美育思想欠缺。此外，多数村组在整洁、规范、生态的和美乡村建设上主动意识不足，农村基建、住房改建、规划相对滞后，缺少现代性和经典性的基本文化要素。相比而言，城市财政政策扶持充分，规划建设投入预算充足，基础设施健全，城市整体绿化优美，市民环保、生态意识比较强。[1]

乡村生态建设行动滞后。我国生态文明建设的总体情况是城市快于乡村，乡村生态文明的整治和建设处于待兴状态。乡村农业生产种植过程中过度使用化肥、农药，造成植被破坏、土壤侵蚀和耕地荒漠化。乡村生活中塑料制品、人畜粪便等未经处理的垃圾被随意丢弃，造成河流污染和水质恶化，影响水生物繁殖和水资源利用。同时，城市在现代化建设的过程中，以消耗乡村生态资源换取城市经济发展，生活垃圾和工业污染二者并存、乡村污染和城市污染叠加，农村生态环境治理任务艰巨。具体而言，一方面，政府资金投入不足，未因地制宜地制定差异性排污标准，乡村生态环境的治理权责划分不清晰，监管主体模糊，管理人员缺乏。另一方面，排污管理奖惩监管条例不完善，难以调动群众保护环境的积极性，生

---

① 迟新蕊：《和美乡村文化赋能乡村生态振兴的路径分析》，《辽宁农业职业技术学院学报》2023年第5期。

态环境建设行动滞后，综合整治道阻且长。

绿色发展制度供给不足。绿色发展制度是推进乡村生态振兴的重要保障。一些地区在推进乡村生态振兴的过程中，出现了生态环境制度体系建设滞后于绿色产业发展的现象，产业发展未能与相关制度实现有效衔接，生态责任未能很好压实。具体而言，一方面，绿色发展制度供给与乡村生态振兴需求不匹配。在全面推动乡村振兴过程中，绿色发展制度设计多集中于生产领域，而在分配、流通、消费等领域少有涉及，总体供给不足。另一方面，绿色发展制度的目标设计与生态环境的治理结果有较大差距。绿色发展制度建设未能与乡村生态振兴中利益相关方的生态责任、意识一体推进、同步落实，一些破坏生态和污染环境的违法违规成本不高，进而导致相关行为屡禁不止。①

（四）乡村内生发展动力亟待增强

促进城乡融合发展，人才是关键。推进"百千万工程"建设，夯实党的执政根基，提升基层治理水平，助力实现乡村振兴，都离不开人才。当前，基层人才短缺、工作队伍体系不完善、内生动力不足成为影响和制约乡村振兴的突出瓶颈。

基层人才短缺问题逐渐凸显。由于基层人才吸引程度不高，乡村难以留住人才，致使乡村人才短缺、人才队伍不稳定、流动频繁、人才供给不足等问题一直限制着基层治理水平的提升。一方面，随着脱贫攻坚结束及向乡村振兴的过渡，人才瓶颈问题会更加显现。脱贫攻坚期间，来自各级党政机关、企事业单位的驻村干部成为助力脱贫攻坚目标实现的重要人才资源，但是帮扶人员的知识和能力结构存在一定的局限性，且同一帮扶力

---

① 李桂花、杨雪：《乡村振兴进程中中国农村生态环境治理问题探究》，《哈尔滨工业大学学报》社会科学版2023年第1期。

量长期驻村的实现难度较大。随着乡村振兴战略的全面推进，人才短缺制约乡村发展的问题会更加凸显，需要考虑如何培养和吸引知识结构全面、能力突出且能够长期留在乡村的优秀人才。另一方面，由于乡村公共服务基础投入大，投资回报率低，难以吸引企业和社会组织的参与，导致乡村自组织能力不足，居民自治意识和能力不足，缺乏参与社区管理的渠道，乡村公共事务社会参与度不高。同时，乡村劳动力大量外流以及产业"空心化"问题，又进一步削弱了乡村公共服务的自给能力。

基层工作队伍建设体系亟待完善。目前，省内部分地区对于人才的重视程度不够，没有根据当地实际制定专门的人才招揽计划，也没有建立起系统的人才服务体系。当前的基层人才队伍建设在人才队伍体系、人才培养机制、人才服务保障方面都未能形成完善的体制机制，农村工作队伍在年龄、教育程度、知识结构，以及对信息化办公手段的运用等方面，和乡村振兴战略的发展要求存在一定距离。另一方面，由于乡镇编制不足、待遇水平偏低以及职业发展空间狭窄等，公共服务事业机构难以通过人才引进的办法，解决专业技术人员数量少、层次低的问题，这进一步加剧了城乡人力资源配置失衡的现象。

乡村振兴内生动力不足。一方面，农村"两委"班子建设薄弱。部分乡村干部缺乏政治意识，不重视群众工作，教育、宣传、引导群众不到位，缺乏大局意识和干事创业热情，导致在乡村发展过程中，引领村镇发展的能力不强。另一方面，村民产业观念意识滞后，缺乏"主人翁"精神。目前，部分村民存在对乡村振兴战略和乡村产业发展概念认识模糊、观念狭隘等问题。与许多发达地区将乡村产业作为重点产业和支柱产业的现状相比，偏远地区村民主动作为意识不强，缺少依靠发展乡村产业发家致富的思想意识。

（五）城乡基本公共服务差距显著

推进城乡融合发展是破解新时代全国和广东主要社会矛盾的重要抓手。现阶段，广东区域发展差异大，城乡二元结构比较明显，区域之间、城乡之间发展不平衡不充分的问题也比较突出，推进城乡融合发展面临着基础设施建设短板突出和基本公共服务水平差距显著的问题。

城乡基础设施建设短板突出。2021年，广东农村的路、网等公共设施进一步完善，公共服务均等化迈出坚实一步，其中光纤入户超1100万户，新改建公路3300公里，①但政府对农村公共基础设施投入不足且缺乏管护维修、水平较低，农村整体公共基础设施短板依旧有待补齐。此外，农村基建不仅一部分量性指标尚未达成，在体制机制和思想观念等因素的影响下，其建设过程缺监管，建设完工不达标，建设后期缺维护等问题突出，如硬化道路质量有待提高，相应照明和安全等配套设施有待完善。2019年，广东近28.15%的自然村雨污分流管网建设尚未完善，管网纳入城镇生活污水处理系统的自然村仅有52.07%。2020年，粤东西北污水收集率仅有34.5%、52.5%和32.5%，不足珠三角的1/2。②

城乡基本公共服务水平差距明显。首先，城乡医疗资源分布不均。拥有高精尖医疗设备的医疗卫生机构主要集中在城市，而农村医疗设备和基础设施不完善，人员医疗能力非常有限。2020年，农村基层医生年均收入约6万元，为城市同职称医生的3/4，待遇差距导致了粤东西北乡镇医务人员大量流失，流失率达39%，且流失的大部分人员为高学历人才。其次，农村基础教育生源与教师严重缺失，城乡教育经费投入与教学设施配置不

---

① 《2021年广东发展成绩单 实现"十四五"良好开局》，《广州日报》2022年1月21日。

② 《中央第四生态环境保护督察组向广东省反馈督察情况》，广东省人民政府门户网站2021年12月13日。

均。经费投入、基础条件主要集中在城市，而乡村教育资源供给严重不足。2017年，农村每所小学平均学生人数174人，不足城镇的12%；学历本科及以上的教师占比44.4%，低于城镇的69.4%。多媒体教室的城乡比例为1.23∶1，全省普通小学人均教育经费投入为8909元，而农村小学为8304元。截至2020年，城乡生源差异和教育资源不均等问题仍然凸显。最后，城乡社会保障事业仍未突破城乡二元结构壁垒。虽然多年的改革实践逐步建立起了覆盖城乡居民的社会保障制度体系，但除医疗保险和养老保险外，其他险种在农村的覆盖率依然较低。

 二 广东统筹城乡融合发展的核心举措

当前，为更好解决广东城乡区域发展不平衡不充分问题，广东加快推进"百县千镇万村高质量发展工程"，重点抓城乡融合，以"创新、协调、绿色、开放、共享"五大发展理念为指引，从产业协同创新、社会协调发展、生态绿色发展、市场开放统一和服务共建共享等方面，着力解决"硬连接"和"软联通"问题，不断优化县镇村的生产、生活和生态空间，在统筹城乡融合发展方面取得了显著成效。

（一）优化城乡空间规划，激活城乡资源市场

其一，着力增强城乡空间规划的互补性。城乡融合发展的过程同时也是城乡空间重塑的过程，科学合理的城乡空间布局有利于引领城乡功能互补，促进城乡融合发展。党的二十大报告指出，要构建优势互补、高质量发展的区域经济布局和国土空间体系。在共同富裕目标下，广东科学合理地做好城乡空间的规划布局，牢牢把握城乡融合发展正确方向，树立城

乡发展"一盘棋"理念，加快形成空间规划"一张图"、交通设施"一张网"、城乡服务"一个圈"，有效避免城乡空间冲突和空间割裂等问题，增强城乡功能的互补性。

其二，树立以人为本的空间生产原则。进入"十四五"发展时期，广东摒弃以维护资本市场为核心的空间开发价值观，把对人的发展、对人的尊重与对人的关怀作为统筹城乡发展的核心追求。在生产空间规划上，充分尊重城乡在发展阶段、资源分布、区位条件等方面的客观实际，统筹部署合作平台、土地开发、产业发展、生态保护和基础设施建设等的规划布局，切实提升城乡发展的协同性、联动性和整体性。突出城乡文化符号，在加强对乡村特色民俗和优秀传统文化进行保护的基础上，充分挖掘乡村文化资源，积极创新乡村民俗经济和特色小镇的发展模式，激活乡村发展活力。

其三，深化改革城乡要素市场机制。实现城乡融合发展，意味着要改变要素从农村向城市单向流动、城市虹吸乡村发展资源的状况，真正实现城乡要素的双向流动，进而形成城乡要素均衡配置的格局。在全面推进乡村振兴时期，广东着力理顺要素从城市向农村流动的体制机制，坚决破除一切不合时宜的制度障碍，推动城乡要素有序自由流动、平等交换，积极引导城市人才、资本、技术下乡，激发乡村发展活力。

其四，提升城乡资源配置的均衡性。推进"百县千镇万村高质量发展工程"过程中，广东围绕城乡资源优化配置，重点从土地、资本、技术和劳动力等方面统筹考虑，进一步优化城乡要素市场的体制机制。一是加快农村土地制度改革，完善产权登记保护制度，进一步发挥广清国家城乡融合发展试验区、南海城乡融合发展改革创新实验区的制度创新功能，探索破除现行农村土地制度中的产权不平等、流通不平等、交换不平等、规划不平等等问题。二是加大农业科技创新平台建设，坚持以产业创新项目为依托，建立工商资本下乡、科技人才入乡、教育下乡、科技成果入乡转化的激励机制和利益联结机制。三是加强对农村地区吸引和集聚要素的财税支持，鼓励乡村发展亟需的优质人才、社会资本下乡，完善城市返乡人才的服务保障和政策扶持。四是完善融资畅通机制，深入推进城乡协同的普惠金融改革，鼓励金融机构围绕共同富裕的战略部署加快金融产品创新，开展区域性股权市场创新，推动设立政府引导基金、产业发展基金支撑乡村发展。

（二）协调产业主体关系，增强城乡经济联动

其一，构建平台载体深化城乡产业融合。通过发挥产业平台聚资源、促合作的主阵地功能，广东各地结合地区资源禀赋和产业特色，因地制宜打造一批城乡融合产业园区，优化生产力布局和产业链对接。同时，通过引入现代化的工业生产技术和生产模式，大力发展连接城乡、打通工农、联农带农的多类型多业态产业，积极推动农村产业适度多元化发展。

其二，优化城乡产业发展结构。一方面，广东各地利用区位和要素禀赋特点，充分开发当地资源，将资源比较优势转化为产业竞争力，形成具有特色的产业发展模式，从而推动落后村镇的重建与发展。推进城市高新互联网技术参与农业农村生产过程管理、农产品加工和市场开发等各环节，实现城乡产业的有效衔接，推动共享发展。另一方面，由于农村产业基础设施薄弱、城乡产业发展水平落差较大，城乡之间产业链衔接难度较高，单纯依靠市场化的力量和手段难以有效推动。对此，广东在税收、财政、金融、物流、用地、基建审批、人才政策等方面加强政策扶持，同时大力优化农村产业发展环境，深入推动城乡产业融合发展。

其三，创新城乡产业发展模式。一方面，广东沿海经济地区工业经济发展水平较高，高新技术产业大规模集聚，采取多中心策略，整体推进粤

东西北地区的城乡发展，让产业链、供应链和价值链更多地延伸和下沉到农村。推进"百千万工程"以来，各地加快产业创新，推动产业链的纵向延伸和横向拓展，实行多类型产业相互交织发展，推动乡村经济多元化，拓宽居民收入来源。另一方面，以数字经济赋能城乡产业融合，广东进一步加强农村数字基础设施建设，以数字技术为纽带，以打造数字乡村、智慧园区等项目为载体，引领城市资本、人才和产业链向农村地区延伸。同时，广东加快构建乡村数字经济服务平台，加强农村数字经济宣传和新型村民职业培训，推动数字经济与乡村产业的深度融合。

其四，加大绿色产业扶持力度。一方面，针对绿色产业资金、技术、管理统筹投入不足等问题，各级财政给予大力支持，加大财政贴息、项目补贴、技术研发等方面的投入，提高绿色产业发展补助资金在财政预算中的比重，保持绿色产业扶持政策的延续性和稳定性。在全面推进乡村振兴的进程中，广东有针对性地放宽生态绿色农业企业上市准入条件，扶持生态农业企业上市，以市场化方式推动要素集聚、促进农业绿色转型升级。另一方面，广东立足现代化农业发展视角，注重生态农业基础理论和方法研究，加强制约生态农业发展技术难题攻关。统筹规划农业生产资源和流程，优化农业生态系统运行模式，发展壮大生态循环农业，促进农业增产、农村减污。进一步推进农业生产创新融合，扩大农业生产市场范围，优化绿色产业结构体系，加快绿色产业发展速度，为乡村经济发展提供支持力量。

（三）贯彻绿色发展理念，链接城乡生态系统

其一，大力倡导绿色发展理念。广东农村地区人口众多、区域差异明显，人地关系、人与自然关系依然紧张。要实现人与自然和谐共生的现代化，就要大力倡导绿色发展理念，处理好生产发展和绿色转型的关系，使

生产发展成为实现量的合理增长和质的有效提升的绿色低碳发展。为此，广东牢固树立和践行以创新、协调、绿色、开放、共享为主要内容的新发展理念，将绿色发展理念贯穿乡村振兴始终。进一步挖掘诠释尊重自然规律、保护生态环境的朴素生态文明思想，鼓励并支持农民在日常生产生活中落实绿色发展理念，运用好对自然界节制性利用、保护性开发的思维。此外，广东在实施乡村振兴重大项目中，把握好"所需"和"所要"的关系，对于基本生活之"需"给予保障，对于盲目开发之"要"坚决制止，确保生态环境不受破坏，从而实现乡村生态振兴和可持续发展。

其二，提升乡村宜居建设质量。城乡生态治理要适应村庄发展演变规律，科学谋划和统筹推进乡村建设，兼顾城镇规划和村庄规划，合理布局乡村的生产、生活、生态空间，推进农村生态美、生活美、生产美"三位一体"建设，彰显宜居宜业和美乡村。一方面，广东立足农村现实需要，尊重农民自身意愿，进一步改善乡村生产生活条件，协同推进乡村基础设施与城镇基础设施建设，提升宜居乡村质量。与此同时，进一步加强传统村落原始风貌的保护工作，分类推进生态村庄建设，"美化乡村振兴生态环境宜居体系，增添乡愁乡韵的'亮色'和'底色'"，让乡村望得见山、看得见水、留得住乡愁。另一方面，各地结合乡村基础设施和农业生产条件，在生态环境承载能力范围内，发展特色种养，培育"休闲观光+健康养老""户外探险+农家旅游"等产业，延伸绿色低碳农业产业链，进一步将绿色优势转化为发展优势。

其三，加强乡村生态环境治理。一方面，针对农村生态环境治理设施薄弱的实际情况，广东加快实施污水管网、公共厕所、生活垃圾处理设施改造提升工程，加大资金投入，完善基础设施，健全运营管护长效机制，改善农村人居环境。另一方面，结合农业生产和农村生活特点，广东加强生态环境治理机制建设，促进农村生态环境治理政府管理与村庄自治相结合，"引导农民自觉履行环境保护责任，逐步转变落后的生活风俗习惯，积极开展垃圾分类"，实现垃圾处置的"治—用"结合，充分实现生活垃圾资源化、无害化、减量化处理。例如，通过引入节水节电项目，采取太阳能、人工湿地等方式，加强乡村污水治理，形成常态化、长效化乡村保洁工作机制。

其四，打造绿色综合服务平台。推进乡村生态振兴需要借助现代信息技术手段，搭建绿色综合服务平台。一方面，广东整合各级资源，推进乡村绿色综合服务平台建设，统筹好驻村第一书记、驻村工作队员和村"两委"干部配置，为农民建设宜居宜业和美乡村提供"一站式"服务，满足生态化建设需求。发挥绿色综合服务平台的作用，帮助农民掌握生态知识，获取互联网信贷、保险等服务，并有效用于生态乡村资源开发和生产，提高乡村现代化、生态化和科技化水平。另一方面，依托绿色综合服务平台，各地建立农产品顺产顺销长效机制，将农产品生产、销售和原材料引入其中，形成农产品产销闭环，拓展农产品销售渠道，增加农民收入，为推进乡村生态振兴奠定坚实的物质基础。

（四）激发村庄内生动力，拓展城乡发展空间

其一，关注人才队伍建设，激发内生力量主动性。乡村振兴，关键在人。脱贫攻坚结束后，广东更加注意由"输血式"帮扶向"造血式"致富的转变，重视农村人才，尤其是管理人才的培养和成长。考虑到后扶贫时代产业发展、扶贫资产管理、乡村振兴等需要，如何培养本地人才、引入外来人才成为扶贫改革试验区高质量发展的重要议程。对此，在推进"百千万工程"建设时期，广东坚持加强党对乡村人才工作的全面领导，贯彻党管人才原则，引导各类人才向农村基层一线流动，打造一支能够担当乡村振兴使命的人才队伍。坚持广招英才、高效用才，做到培养与引进

相结合、引才与引智相结合，拓宽乡村人才来源，聚天下英才而用之。坚持用好用活人才，为人才干事创业和实现价值提供机会条件，最大限度激发人才活力。

其二，加强城乡人才交流与帮扶机制。功以才成，业由才广，乡村振兴，人才振兴是关键一环。要持续做好人才"引育用留"文章，下好人才工作"一盘棋"，落细落实各项政策，创新创优服务举措，让"人才引擎"驱动乡村振兴内生动力。一方面，各地城乡规划部门加强城市治理工作者、专家和学者等参与各地的乡村振兴工作的交流工作，共同为乡村发展作出指引和规划建议。研究制定鼓励涉农专业大学生回乡当村民就业创业政策，在创业资金、税收减免等方面给予支持，营造优质商业环境和生活环境。激励更多的优秀人才到农村基层工作，进一步带动农村发展。另一方面，各地将加强乡土人才队伍建设作为推动城乡融合的重要抓手，实施"引才入村·助力振兴"工程，打好"亲缘牌""地缘牌"，重点面向蓝领村民工人、复员退伍军人、务工返乡人员、涉农经营的企业主或个体户等群体，引进一批"有知识、视野宽、思维新、具备一定经营管理能力"的"新农人"。此外，教育部门通过"三支一扶"、大学生村官、高校毕业生乡村振兴志愿服务等工作，强化人才激励机制，健全服务保障机制，让更多优秀的毕业生愿意前往基层，为乡村地区的可持续发展提供强大的支持。

其三，提升人才服务水平，吸引人才入驻。一方面，广东围绕全面推进乡村振兴需要，全方位培养各类人才，扩大总量、提高质量、优化结构。尊重乡村发展规律和人才成长规律，针对不同地区、不同类型人才，实施差别化政策措施，推动政府、培训机构、企业等发挥各自优势，共同参与乡村人才培养，解决制约乡村人才振兴的问题，特别注重镇街一级人才的扎根，培育人才，留住人才。另一方面，提升人才服务和配套保障，解决人才进驻的后顾之忧。各地通过完善乡村人才认定标准，做好乡村人才分类统计，加强乡村人才工作信息化建设，建立健全县镇村三级人才管理网络。加强人才管理服务工作，大力发展乡村人才服务业，引导市场主体为乡村人才提供中介、信息等服务。鼓励热爱农村事业的有志青年来到农村、住在农村、为农村发展献智献力。

（五）推进服务共建共享，完善城乡公共服务

其一，推进公共基础设施互联互通。广东将乡村振兴战略与新型城镇化战略相结合，在补足农村基础设施短板的基础上，扎实推进城乡公共基础设施互联互通，充分发挥公共基础设施在城乡融合中的支撑作用。坚持交通先行，完善内畅外联的城乡综合交通网络，以大都市为中心，推进高速铁路、高速公路、城际铁路向中小城市延伸，加快县域交通主干道和旅游大环线提质扩容，完善以村镇为节点、遍布农村、连接城乡的农村交通运输网络，实现都市圈内公路由"辐射形"向"蛛网形"路网结构提档升级。

其二，增强城乡公共基础设施的一体化。为实现城乡区域基础设施通达程度更加均衡，广东扎实推进城乡融合发展，健全城乡一体的规划实施机制，推动水电气路网等基础设施一体化布局。一方面，各地以乡村基础设施建设为抓手，深入推进美丽乡村建设，完善农村垃圾污水处理、供水供电、通信网络体系，实现与村民环境整治、生产生活息息相关的市政公用设施农村全覆盖。另一方面，通过研究制定农产品物流服务标准，加快农村公用型冷链物流园区和数智化物流园区建设，打造以城市为中心、村落为网点、县级仓储物流中心为运作载体、公路为纽带、连通城乡、安全高效的现代物流体系，完善大宗农产品跨省联合审批机制，并积极探索基于跨省、跨境生鲜商贸的多式联运组织模式。

其三，构建基本公共服务均衡配置机制。实现城乡基本公共服务均等化是共同富裕的本质要求，是增强城乡居民幸福感和获得感的关键所在，是分好城乡"蛋糕"的关键举措。一方面，各地以公共服务治理体制改革与政策调整为抓手，构建城乡互通的教育服务体制、医疗保健体制、社会保障体制、就业服务和管理体制等公共服务体制，助力实现城乡公共服务的均等化配置。另一方面，各地完善财政投入保障机制，将农村公共基础设施建设和公益事业发展纳入公共财政的支出范围当中。通过深化公共财政政策改革，赋予基层政府与事权相对等的财权，同时加大对基层政府的财政投入与转移支付力度，为推进城乡基本公共服务均等化提供财力保障。

其四，促进城乡公共服务资源的均等化。一方面，广东加大乡村公共服务的资源倾斜力度，积极探索政府购买、公建民营等服务方式，引导市场力量与社会组织加入城乡基本公共服务供给领域，逐步建立政府主导、市场和社会共同参与的城乡基本公共服务治理模式。另一方面，各地通过创新资源服务与供给模式，充分利用数字技术赋能城乡公共服务治理，构建覆盖城乡的公共服务大数据分析平台，以数字化手段加强城乡公共服务供需状况的分析，充分运用数字文化、数字医疗、数字教育、数字旅游等数字化服务产品丰富城乡公共服务体系。

▼三 广东统筹城乡融合发展的典型案例

2020年5月，为贯彻落实中央《关于建立健全城乡融合发展体制机制和政策体系的意见》精神，广东省委和省政府印发《广东省建立健全城乡融合发展体制机制和政策体系的若干措施》，旨在推进广东加快建立工农互促、城乡互补、全面融合、共同繁荣的新型工农城乡关系，促进城乡融合发展，实现乡村振兴和农业农村现代化。当前，广东城乡融合发展不仅旨在推动当地城乡一体化进程，更在于贯彻落实"百县千镇万村高质量发展工程"，打造粤港澳大湾区城乡融合发展样板，为全省、全国推进城乡融合发展提供鲜活经验。

（一）佛山南海：城乡融合发展改革创新实验区

1. 建立城乡融合发展改革创新实验区，推进全领域高质量建设

2019年7月，广东省委全面深化改革委员会批复同意佛山市南海区建设广东省城乡融合发展改革创新实验区，并于2020年9月印发实验区建设实施方案，鼓励佛山市南海区大胆试、大胆闯、自主改，奋力在城乡全面融合、乡村全面振兴、全体人民共同富裕上走在前列。佛山市南海区城乡融合发展改革创新实验区的目标是：到2022年，城乡空间布局明显优化，城乡高质量融合发展格局初步形成；到2030年，全面实现土地结构优化调整，城乡高质量融合发展格局全面形成。佛山市南海区城乡融合发展改革创新实验区明确了5项重点任务，包括：推动国土空间布局全面优化；深化农村土地制度改革；加快产业结构优化升级；强化环境系统治理；不断健全基层治理服务体制机制等。

昔日代表经济活力的村办工业区，因土地权属复杂、利用碎片化、产业形态低端，成为制约南海城乡发展的一大瓶颈。高水平推动南海的城镇、农村、产业和生态合理分区、协调发展，不仅将为南海人民建设出一个宜居宜业的美好家园，也将为佛山建设广佛极点及粤港澳大湾区高质量发展作出巨大贡献。①

制度建设一贯到底探索发展新路径。规划实施以来，佛山市南海区

---

① 《作为广东唯一的省级城乡融合发展改革创新实验区，南海城乡融合发展的密码何在》，《瞭望》2021年第31期。

始终将制度改革和体制机制创新贯穿于实验区建设的全过程和各方面，着力建立健全城乡全面融合发展制度体系。强化赋权赋能，初步构建起以集体土地入市机制为核心的城乡土地要素市场化配置政策体系；强化空间统筹，初步构建起以土地置换和混合开发机制为核心的推动城乡空间集聚政策体系；强化市场参与，初步构建起以利益均衡机制为核心的城市更新（"三旧"改造）政策体系。这些制度和政策，有力推动了佛山市南海区土地结构性调整，为城乡融合发展探索了新路径。佛山市南海区持续深化农村土地制度改革，努力推动城镇、农村、产业和生态合理功能分区、相对集聚、协调发展。①

"百千万工程"赋能城乡融合发展新力量。为更高视野、更广空间、更深层次地推动城乡融合发展，南海区立足推进粤港澳大湾区建设，纵深推进"百千万工程"，建设"一核一带一区"区域发展新格局、加快实施乡村振兴战略、建立健全城乡融合发展体制机制。在新发展阶段，南海全面把握城市格局、产业集群、人口结构深刻变化，以实验区建设为契机，根据发展+短板，围绕"地""产""人"等核心要素，对城乡各项改革进行系统梳理和集成提升。南海推进城乡融合发展体制机制改革创新，着力补齐城乡发展不平衡这一短板，促进城乡功能互融共促、要素加快流动、资源高效利用。全力推动空间格局再造、产业集群再造、生态环境再造、基层治理再造、政府服务再造，促进城乡全面融合、一体发展。努力让城市更城市、乡村更乡村，为全省城乡高质量融合发展提供新鲜经验。②

---

① 《佛山南海 全领域高质量建设广东省城乡融合发展改革创新实验区》，《人民日报》2021年8月19日。
② 《广东首例！南海区大力建设广东省城乡融合发展改革创新实验区！》，《中国改革报》2019年9月12日。

2. 深化城乡融合发展改革创新实验区建设，打造中国式现代化城乡区域协调发展样板

2023年3月22日，南海区印发《关于推进"百县千镇万村高质量发展工程"深化广东省城乡融合发展改革创新实验区建设的实施意见》，提出到2025年，争取西部三镇经济总量占全区比重达16%，城乡居民可支配收入比例缩小到1.4以内，经济薄弱村社人均集体可支配收入达3000元以上。到2035年，城乡区域协调发展水平走在全国同级地区前列，率先实现更高水平的现代化。[①]面对城乡区域发展不平衡、不协调的老问题，"百千万工程"是促进城乡融合发展的重要现实途径。南海提出，要把"百千万工程"与省实验区建设融合起来、统筹推进，打造中国式现代化城乡区域协调发展南海样板。

在统筹推进"百千万工程"和省城乡融合发展改革创新实验区建设工作上，南海作出部署：坚持规划引领，优化城乡布局；坚持制造业当家，推进产业协同发展；坚持为民惠民，推进社会治理和公共服务均衡发展；坚持文化赋能，提升城乡区域文化凝聚力；坚持生态优先，全面提升环境品质。[②]"百千万工程"与深化省城乡融合发展改革创新实验区建设目标一致、任务相近，南海区政府提出，要以"百千万工程"为牵引，推动城乡区域协调发展走向深入；要通过抓实区内协调发展、老旧区域振兴、薄弱村社发展、对外帮扶合作，把这两项工作融合起来、统筹推进，不能搞成"两张皮"。

作为全省唯一的城乡融合发展改革创新实验区，2019年以来，南海在全省率先探索破解发展不平衡不充分问题的有效路径，通过扭住省城乡

---

① 《"种业+"规划发布！全面落实"百千万工程"，南海这样干！》，腾讯网2023年5月5日。

② 《以"种业+"引领现代农业高质量发展》，《佛山日报》2023年5月5日。

融合发展改革创新实验区建设平台不松劲，系统集成推进10个方面30项改革，推动各领域发展动力活力持续迸发。无论是在高质量发展体制机制构建，还是产业转型步伐，抑或文化建设、社会治理、生态环境方面，南海都交出了一份令人满意的答卷。这些率先探索与实践，与"百千万工程"对高质量发展的目标要求高度契合。这也意味着，站在新的起点上，以"百千万工程"为牵引，南海实现城乡更加均衡、更加协调发展的条件更好、实力更强。[①]

为了破解城乡区域发展不均衡的问题，南海抓住土地资源这一连接城乡的重要纽带，持续深化农村集体土地入市、土地征收等制度改革，构建城乡一体的土地供应市场；通过实施全域土地综合整治，在全省率先出台地券、房券、绿券的"三券"政策，推进土地大腾挪、大集聚，有效重构城乡空间、产业空间、农业农村空间、生态空间功能布局。

"百千万工程"要求发展壮大县域经济，在不同赛道上争先进位，推动县域高质量发展。作为在全国综合实力百强区中排名第二的经济强区，近年南海也加快了产业转型步伐，重点培育"两高四新"产业，以产业转型带动经济社会全面转型。截至目前，"两高四新"现代产业增加值占南海GDP比重将近40%；2022年南海引进超亿元产业项目123个，战略性新兴产业在超亿元产业项目中占比约80%。产业结构持续优化是南海实施"百千万工程"的重要支撑。[②]

"百千万工程"重在强化乡镇联城带村的节点功能，促进乡村振兴、推动城乡融合。镇域是南海高质量发展的基石，南海六镇全部进入全国综合实力百强镇名单，自身带动力和辐射能力强劲。为进一步提升镇域能

---

① 《"种业+"规划发布！全面落实"百千万工程"，南海这样干！》，腾讯网2023年5月5日。

② 《美好城市排名第二，人口逆势增长14万，南海凭什么？》，腾讯网2023年3月18日。

级，南海坚持以城带乡、城乡互动，规划建设"七湖三湾一站一园"重点区域，在各镇街打造一批高能级的产业平台、宜居宜业宜游的城市空间，有力带动全区城市品质整体提升。

"百千万工程"还要求坚持农业农村优先发展，全面推动乡村五大振兴。南海集体经济发达，农村集体资产达570亿元，为乡村振兴奠定了坚实的物质基础。近年来，南海积极推动优化集体收益分配，探索提留不少于可分配收益总额的20%的资金作为乡村振兴建设运维基金；引导村集体土地整合至50亩以上连片开发，提升农村集体经济集约发展水平；推动农业优化和发展，南海还规划建设了五个万亩连片农业示范片区，成功入选国家现代农业产业园创建名单，积极探索工业强区的农业现代化路径。[①]

无论是从强县、兴镇、富村层面，还是从城乡发展更加均衡的层面，南海实施"百千万工程"都已经有了很好的基础。但先发有先发的优势，也会遇到先发的难题，能否破解这些难题，是南海能否为全省作出示范的关键。南海区第十四届党代会第二次会议报告指出，当前南海面临体制机制、产业结构、城乡形态、社会治理、生态环境等一系列深层次瓶颈问题，复杂性、系统性较以往更强。复杂问题没有简单的解决办法，要破解发展难题，南海提出将继续用好改革"关键一招"，以上下贯通、多部门协同的"集成式"改革，系统破解南海遇到的结构性、质量性问题。而"百千万工程"的实施，为南海持续"抓改革、促转型"提供了重要契机和助力。[②]

---

① 《落实"百千万工程" 南海为何值得期待》，《南方日报》2023年3月30日

② 《落实"百千万工程" 南海为何值得期待》，《南方日报》2023年3月30日。

（二）江门新会：打造城乡融合发展示范中心

1. 城乡融合发展省级试点提供发展新机遇

2020年11月，广东省人民政府办公厅印发广东省城乡融合发展省级试点地区名单，包括7个市县试点和39个中心镇试点地区，其中江门市中心城区产城融合示范区入选市县试点，新会区双水镇、开平市赤坎镇入选中心镇试点。

作为全省7个市县试点之一，江门市中心城区产城融合示范区试点范围为蓬江区、江海区全域及新会区会城街道、司前镇、大泽镇，鹤山市沙坪街道、雅瑶镇、共和镇，总面积约930平方公里。试点任务为建立美丽小城镇发展机制、建立农村集体经营性建设用地入市制度、搭建城乡产业协同发展平台、建立生态产品价值实现机制、建立城乡基本公共服务均等化发展机制。

作为中心镇试点，新会区双水镇、开平市赤坎镇的试点任务为建立健全美丽小城镇发展机制，充分发挥小城镇联结城乡作用，推进中心镇公共服务设施提标扩面、环境卫生设施提级扩能、市政公用设施提档升级、产业培育设施提质增效，增强城镇对乡村的辐射带动能力，促进"以镇带村"一体发展。[①]

2. 以城促产、以产兴城、产城联动，推进产城融合

新会区以珠西枢纽新城建设为突破口，全力打造交通互联、产业互补、功能融合、职住平衡、宜居宜业的高质量发展"江门样板"。2020年11月15日，江门站正式开通运营。江门站是全省第四大轨道交通枢纽，汇集深茂铁路、广珠城际等多条轨道交通，是广东省内除广州南

[①] 《重磅！广东省城乡融合发展省级试点地区名单公布，江门一示范区两镇入选省城乡融合发展省级试点》，搜狐网2020年11月16日。

站、深圳北站、佛山西站以外的特大型综合交通枢纽。从昔日疏导老城区人口的新会"南新区"，到如今作为江门"珠西中央活动区城市客厅"的门户担当，以江门站为中心建设的珠西枢纽新城，近水楼台先得月，正崛起为一座宜创、宜居、宜商、宜业，对接大湾区、辐射粤西的现代化高质量发展样板区。

城市景观方面，珠西枢纽新城正全力建设"两园"，即梅江农业生态园和小鸟天堂国家湿地公园。漫步在梅江农业生态园，白荷皎皎，粉荷盈盈，在翠绿的荷叶间轻轻摇曳，鸟语花香，满目怡然，该园已成为市民散步休闲、观赏花草的好去处。小鸟天堂国家湿地公园已于2021年顺利通过验收，接下来将推进小鸟天堂·梁启超故居创建国家4A级旅游景区。

科技载体方面，江门双碳实验室于2021年在珠西枢纽新城核心区落地揭牌，以启超大道和今洲路为主轴，南湖科技创新走廊已汇聚江门双碳实验室、中集智库孵化器、江门市未沃科科技企业孵化器、加富企业孵化器、智慧之源创业园等多个创新孵化器及中科健康创新生物产业园等项目，成为新会经济发展的新增长极。

交通网络方面，珠西枢纽新城区域已构建形成"三横两纵"的骨架路网体系，"三横"包括新会大道—会港大道、今洲路、银鹭大道，"两纵"即江门大道、启超大道。其中，江门大道、新会大道—会港大道、银鹭大道为城市快速路。此外，市民可在江门站乘车前往广州、武汉等9个省会城市以及深圳等20余个城市，新会进一步加快融入"轨道上的大湾区"。[①]

商业设施方面，珠西枢纽新城目前已建成新会万达广场、碧桂园凤凰酒店、大润发商场等大型商业设施。此外，文华商业广场、悦泰金融中心

---

① 《十年擘画发展改革蓝图 奋进新征程绘就新画卷》，新会区人民政府网站2022年10月14日。

（70层商业主楼）、江门农商银行新总部大楼已开工建设，将打造成新会区金融服务中心。

3. 乡村示范带串起强村富民梦

建设乡村振兴示范带，是新会区推动城乡融合和县域经济发展的重要抓手，既是各镇（街）个性和魅力的彰显，更是其成长壮大的关键。打造各美其美、美美与共的幸福家园，新会各镇（街）正结合实际，准确把握乡村振兴示范带"产城人文"有机融合的深刻内涵，将乡村振兴示范带蓝图逐步实现。比如，圭峰会城街道突出陈皮之乡、名人故里、国家湿地等资源优势，打造"江门明珠、全省标杆、全国样板"乡村振兴示范带。双水镇围绕"香、侨、甜、食、趣"五大核心板块，打造包含1个综合发展轴、4个节点的乡村振兴示范带。崖门镇充分利用片区山、海、湖、泉、林资源，发挥各村党建文化、红色文化等元素作用，以"一村一景、一村一韵、一村一品"为目标，优化配置各类要素，实现乡村振兴示范带风貌加快提升。[①]

"一村一品"夯实产业振兴路。产业兴，百业兴，乡村振兴，产业振兴是基础，"一村一品、一镇一业"是新会推进乡村振兴的重要抓手。近年来，新会区通过政府引导，培育壮大乡村产业，依托资源禀赋，引导和促进更多资本、技术等要素向农业农村流动，汇聚人气，实现以产兴村、产村融合，推动乡村振兴。例如，在大鳌镇，"一只虾"书写了农民的致富经。2021年，大鳌镇农业总产值约10亿元，同比增长22%，全镇村级集体经营性收入为1.26亿元，平均每个行政村收入为787.5万元，城乡居民人均可支配收入超6.4万元。当前，大鳌镇正全力推动国家级农业产业强镇和省级现代农业产业园的核心区创建工作，引进省级农业龙头企业，首期投

---

① 《喜迎二十大 江门这十年·新会区 | 湾区客厅 新会画卷 打造城乡融合发展示范中心》，江门市人民政府网站2022年10月10日。

资1.5亿元打造集水产深加工、中央厨房预制菜研发、水产文化体验于一体的园区。[①]

陈皮产业助力百亿产业再进阶。新会柑种植历史悠久，至今已有近千年，新会陈皮及其唯一原材料新会柑均为国家地理标志保护产品，是全国罕有的"一果双标志"产品。乡村振兴，产业先行，新会陈皮产业是新会区最具代表性、最具知名度的特色产业。2017年以来，新会区以新会柑和新会陈皮产业高质量发展为抓手，着力构建"大基地+大加工+大科技+大融合+大服务"五位一体的现代农业产业格局，并于2019年成功创建大湾区首个国家现代农业产业园——新会陈皮国家现代农业产业园，"一柑一皮一园"，唱响新会陈皮好声音，成为全国富民兴村产业标杆之一，有效带动新会乡村振兴。值得一提的是，2021年，新会区还整合组织、工商联、农业农村、供销社、市场监督等部门的党建资源，成立功能型党组织——新会陈皮产业链党委。目前，陈皮产业链党委有106名党员，下设13个党支部，涵盖了种植、加工、销售、文旅、金融等环节的党组织。[②]

如今，新会陈皮开发出药、食、茶、健和文旅、金融等6大类35细类100余品种的系列产品，带动行业就业超5万人，新会陈皮也以96.34的影响力指数位列2020中国区域农业品牌影响力指数"区域农业产业品牌—中药材产业"榜首。新会陈皮知名度的提升，为新会柑和新会陈皮带来了更广阔的市场。据了解，新会全区新会柑种植面积约6666.67公顷，2021年柑果产量12.5万吨，实现产量稳产、果品稳定、价格稳中有升。新会区将全力做好陈皮大文章，完善陈皮产业发展规划，做大做强新会陈皮国家现代农

---

① 《喜迎二十大 江门这十年·新会区 | 湾区客厅 新会画卷 打造城乡融合发展示范中心》，江门市人民政府网站2022年10月10日

② 《产业链上建党委，小陈皮做成大产业》，《南方》杂志2022年第3—4期。

业产业园，打造新会陈皮全产业链。实施新会陈皮产业保护工程，建立产业数据库，健全溯源体系，实现全流程可监测、可追溯。创新陈皮产业链金融服务，畅通交易渠道，维护市场稳定健康发展，力争新会陈皮全产业链营收早日突破500亿元，努力向"中国陈皮之都"目标迈进。[①]

4. 城市更新打造品质宜居之城

近年来，新会区坚持"以绿美城、以文塑城、以建兴城、以管治城"，深入实施城市品质提升工程，城市面貌日新月异。以创建文明城市提质升级为抓手，加快补齐城市管理基础设施短板，新会区不断提升城市管理水平，奏响城市品质蝶变曲，让城市品质内涵更加丰盈、更具特色、更富魅力、更有温度。

新会区持续深化城市提质工作，发扬工匠精神，以"绣花功夫"实施新一轮城市更新，坚持以人民为中心推进城市提质工程，从细微之处改善城市面貌。目前，已落实城市提质项目200多项，完成老旧小区改造12个、"口袋公园"建设25个、市场升级改造58个、厕所改造83座，城市功能布局和基础设施更加完善，城市颜值和品质明显提升。在"口袋公园"建设方面，新会区坚持通过"见缝插绿"、景观提升改造、增换老旧设施等举措，针对城市主干道及人口密集区域内的边角地、废弃地、闲置地进行改造绿化，合理植入场景、提质赋能，积极提升城市品质水平，让市民享受"开窗有景，出门见绿"的幸福生活。濠桥市场、悦洋市场等一批农贸市场得到升级，农贸市场以及周边管理实现常态化、规范化，市民购物环境变得更好了。一批旅游厕所改造完成并投入使用，城市配套渐趋完善。

新会区以打造人文宜居城市为目标，紧紧围绕"焕发城市老区活

---

① 《喜迎二十大　江门这十年·新会区 | 湾区客厅　新会画卷　打造城乡融合发展示范中心》，江门市人民政府网站2022年10月10日。

力""提升城市交通水平""提升城市公共空间品质""提升城市精细化
管理水平"等，用心设计、扎实推进城市品质提升重点项目，一座品质宜
居之城快速崛起。目前，新会区强化顶层设计，以"加法"带动连片更
新，改变以往城市"大拆大建"思维，以盘活会城旧城区公有资产为目
的，以"老城区·新活力"为主线，以政府和社会资本合作模式为抓手，
对具有经营价值的闲置公有资产和具历史文化价值的老旧民居进行"微整
形"。结合城市规划，新会区形成打造大新路片区"历史文脉"商圈、中
心南片区"美食文化"商圈、江会路片区"区域性商贸中心"商圈和农械
厂片区"工业遗产新生态"商圈四个片区的总体思路，融入新会非遗文化
和传统产业，成立工作专班，"一盘棋"谋划，一体化推进，打造成新会
特色鲜明的文化街区。以此为重要抓手，进一步激活人文历史，讲好新会
故事，让新会成为一个有温度有热度有深度的宜居之城。[①]

（三）广清接合片区：立足优势推进区域一体化建设

1. 立足国家城乡融合发展试验区，深度推进广清区域协同发展

为落实《中共中央、国务院关于建立健全城乡融合发展体制机制和政
策体系的意见》精神和总体要求，广东积极开展城乡融合发展试点工作，
在广州和清远两市毗邻的增城区、花都区、从化区、清城区、清新区、佛
冈县和英德市连樟样板区开展试点，并于2021年4月出台了实施方案。从
2012年签署《广州·清远市合作框架协议》首次提出"广清一体化"，到
2018年出台《高质量推进广清一体化发展工作方案》，再到2019年4月两
市正式签订《深化广清一体化战略合作框架协议》，提出高水平建设广清
经济特别合作区，两地合作层次和内容不断升级。

[①] 《喜迎二十大 江门这十年·新会区 | 湾区客厅 新会画卷 打造城乡融合发展示范
中心》，江门市人民政府网站2022年10月10日。

国家城乡融合发展试验区广清接合片区的具体发展目标是：2022—2025年，实现城乡生产要素双向自由流动的制度性通道基本打通，城乡有序流动的人口迁徙制度基本建立，城乡统一的建设用地市场全面形成，城乡普惠的金融服务体系基本建立，农村产权保护交易制度基本建立，村民持续增收体制机制更加完善，城乡发展差距和居民生活水平差距明显缩小。试验区的引领示范带动效应充分释放，形成一批可复制可推广的典型经验和体制机制改革措施。根据协议，双方将共同探索建立健全城乡基础设施一体化、城乡公共服务均等化、城乡要素合理配置、乡村经济多元化发展、促进农民持续增收等方面的体制机制，推进综合示范区、重点区域建设和"一县一改革"试点，努力将清远打造成为全省乡村振兴发展示范区、全国城乡融合发展试验区。

紧紧围绕建立城乡融合发展体制机制的目标，清远选定10项改革任务，按照从易到难、层层深入的方式稳步推进各项改革：建立城乡有序流动的人口迁徙制度、建立进城落户村民依法自愿有偿转让退出农村权益制度、推进农村集体经营性建设用地入市制度、完善农村产权抵押担保权能、建立科技成果入乡转化机制、搭建城中村改造合作平台，搭建城乡产业协同发展平台、建设城乡产业协同发展先行区、建立生态产品价值实现机制、建立城乡基础设施一体化发展体制机制、建立城乡基本公共服务均等化发展体制机制、健全村民持续增收体制机制等。

广清接合片区是唯一依托广州国家中心城市、大湾区核心城市的试验区，具有广清一体化发展多年实践打下的良好基础。通过强化广州引领、广清联动，可以进一步推进城乡融合，促进改革创新，推动资源配置、新动能布局等延伸覆盖至整个试验区，凝聚更高标准、更高要求的乡村振兴动力，逐步形成城乡互促、两市互补的城乡融合发展体制机制。

2. 立足生态、区位和空间优势，全面提升县域综合实力

2023年3月，《中共清远市委关于实施"百县千镇万村高质量发展工程"促进城乡区域协调发展的意见》印发，《意见》提出以全市8个县（市、区）、80个乡镇、5个街道、1031个行政村、197个社区居委会为主体，全面实施"百县千镇万村高质量发展工程"。《意见》提出，要立足清远生态、区位、空间优势，全面提升县域综合实力，全面推进乡村振兴，持续用力、久久为功，缩小与珠三角地区发展差距和市域内城乡区域发展差距，把县镇村发展的短板转化为清远高质量发展的潜力板。①

为推动全市县镇村高质量发展，在新起点上更好解决城乡区域发展不平衡不充分问题，《意见》明确了以下三个阶段目标：到2025年，国家城乡融合发展试验区广清接合片区引领示范带动效应充分释放，南部县域经济基本接近全省平均水平，北部县域经济发展全面加速，新型城镇化建设加快推进。到2027年，城乡区域协调发展取得明显成效，南部县域发展深度融入粤港澳大湾区，有效带动北部县域加快发展，中国式现代化的清远实践取得重大进展。展望2035年，新型城镇化基本实现，乡村振兴取得决定性进展，城乡区域发展更加协调更加平衡，共同富裕取得更为明显的实质性进展，与全省城乡一道基本实现社会主义现代化。②

推动县域高质量发展。清远提出把县域作为城乡融合发展的重要切入点，增强县城综合承载能力，为推进新型城镇化和乡村振兴提供有力支撑。通过依托县域独特资源，找准发展定位，用好差异化优势，努力在全省县域发展赛道上争先进位。清城区、清新区、佛冈县积极参与广州都市

---

① 《"百千万工程"清远怎么干？施工图来了！》，广东省人民政府门户网站2023年3月27日。

② 《"百千万工程"清远怎么干？施工图来了！》，广东省人民政府门户网站2023年3月27日。

圈建设，主动承接珠三角产业有序转移和功能疏解，有序拓展城市空间。英德市、连州市积极发挥辐射带动作用，加快绿色工业化进程。连山壮族瑶族自治县、连南瑶族自治县、阳山县注重点上开发、面上保护，促进人口和公共服务资源适度集中，加快岭南民族特色文旅廊道建设，大力发展与生态功能相适应的生态型产业。提升县域经济综合实力方面，加快工业园区建设，提高园区建设标准，完善基础设施，持续推动县域省级以上产业园区提质增效，打造县域经济主引擎。加强北江沿线的生态保护和基础设施建设，积极培育"农业+""旅游+"新业态，大力发展生态旅游经济，高标准建设北江生态文化旅游经济带。①

强化乡镇联城带村的节点功能。乡镇是实施"百县千镇万村高质量发展工程"的重要一环。清远提出增强乡镇"造血"功能，发挥好乡镇在乡村振兴中的作用，把乡镇建成服务农民的区域中心。增强乡镇综合服务功能。加强政务服务中心建设，建好用好党群服务中心，打造完善的服务圈。建设高品质美丽圩镇。开展人居环境品质提升行动，加强圩镇建筑风貌管控。高质量推进现代化强镇建设，重点推进英德市浛洸镇、连州市东陂镇2个城乡融合发展省级中心镇试点建设，推动一批基础较好的中心镇加快发展。②

建设宜居宜业和美乡村。清远也对建设宜居宜业和美乡村作出详细的部署，提出加快构建现代乡村产业体系。高水平建设现代农业产业园，持续打造清远鸡、英德红茶、连州菜心、丝苗米、麻竹笋五大百亿农业产业。促进农村一、二、三产业融合发展，支持乡村旅游、数字农业等新业态发展，推动农产品精深加工，培育发展预制菜产业，做好"土特产"文

---

① 《阔步新征程！清远市"百千万工程"指挥部办公室揭牌》，搜狐网2023年4月6日。
② 《英德浛洸镇：城乡融合融出"新活力" 短板弱项变成"潜力板"》，中国发展网2023年3月6日。

章，培育一批"粤字号"农业知名品牌。扎实推进乡村建设行动。聚焦"农村基本具备现代生活条件"的目标，以乡村振兴示范带建设为主抓手，持续推动五级梯度创建美丽乡村，开展农村人居环境整治提升五年行动，建设各具特色、各美其美的美丽乡村，塑造清远特色乡村风貌。坚持党建引领加强乡村治理。增强基层党组织政治功能和组织功能，深化抓党建促乡村振兴示范县创建，推动"强镇带村、强村带组"，常态化排查整顿软弱涣散村党组织，建强基层战斗堡垒。

统筹推进城乡一体化发展。清远提出推进规划建设、基础设施、要素配置、生态环保、基本公共服务等五个一体化，加大城乡区域统筹力度，健全城乡融合发展体制机制，推动城乡要素双向自由流动和公共资源均衡配置。具体措施包括坚持城乡规划"一张图"、城乡建设"一盘棋"，统筹规划县域空间布局、产业发展、基础设施建设等，科学编制经济社会发展规划、国土空间规划，分类推进村庄规划编制；加快谋划推进"三铁工程"，推动骨干交通网向城镇覆盖，推进"四好农村路"提档升级；实施乡村振兴人才集聚工程，实施大学生"雁归计划"，鼓励和引导各类人才投身乡村振兴；全力创建南岭国家公园，持续推进国家生态文明建设示范市县、"绿水青山就是金山银山"实践创新基地建设；实施"万千农民素质提升行动"，用好公益性岗位、以工代赈等方式，支持返乡创业，拓展就业岗位等等。

第七章

强化保障措施，推动"百千万工程"落地生根

壮大县域经济、推动城镇提能、助力乡村振兴、促进城乡融合都有赖于强有力的保障措施。不仅要坚持和加强党的全面领导，高屋建瓴地绘制好工程的建设蓝图，还需要积极推进体制机制创新，为工程落地见效提供政策保障与力量支持，同时建立科学的分类考核评价体系，坚持问题导向，层层抓好落实，确保工程按照时间表和路线图稳步推进。

一 坚持和加强党的全面领导，擘画工程建设蓝图

"百千万工程"是以习近平总书记关于城乡区域协调发展系列重要论述为指导，立足于广东的发展实际，以破除广东城乡区域发展不平衡这一最大短板为目标所提出和推进的"头号工程"，充分彰显中国特色、广东特点和湾区特质。工程的提出和推进始终强调党的全面领导，不仅在体制机制上坚持高位推动，要求落实各级党委、政府的主体责任，而且在实践探索过程中注重党建引航，充分发挥基层党组织的重要作用，助推"百千万工程"不断走深走实，将"施工图"变成"实景画"。

（一）做好顶层设计，科学统筹协调

"百千万工程"的复杂性和重要性要求做到统筹兼顾、系统谋划、整体推进，正确处理好顶层设计与实践探索这一重大关系。所谓"顶层设计"源自系统工程学，强调要以全局眼光和战略思维对系统内部各层次、各方面、各要素进行科学统筹规划，为工程的推进和发展提供一个总体性的指导方案。广东省省委省政府在深入调研的基础上科学擘画了"百千万工

程"的未来前景与美好蓝图，为工程的推进提供了科学的行动方案和方向指引。

其一，建章立制，全面部署。2022年底，中共广东省委十三届二次全会首次提出实施"百县千镇万村高质量发展工程"，通过并出台了《中共广东省委关于实施"百县千镇万村高质量发展工程"促进城乡区域协调发展的决定》（以下简称《决定》），绘就了一幅内容详尽、导向明确的施工图，明确阶段目标，回答了"干什么""谁来干"以及"怎么干"的问题，为更好解决城乡区域发展不平衡、推动全省县镇村高质量发展指明了方向。2023年2月广东省委农村工作会议暨全面推进"百县千镇万村高质量发展工程"促进城乡区域协调发展动员大会对工程的实施进行了全面部署，6月召开的省委十三届三次全会将实施"百千万工程"作为"十大新突破"之一纳入"1310"的具体部署，成为广东高质量发展不可或缺的重要一环。

其二，深入调研，把脉献策。习近平总书记强调"调查研究是我们党的传家宝，是做好各项工作的基本功"。[1]广东省委省政府为更好谋划布局、推进工程走深走实，深入惠州、茂名、肇庆、清远等地市开展专题调研，在实地考察中详细了解和准确把握"百千万工程"的实施情况，为"百千万工程"的纵深推进和科学决策提供基础。与此同时，省委省政府广泛动员和凝聚社会各界力量，成立专家智库、建立决策咨询机制，为实施"百千万工程"提供智力支撑。2023年7月，省"百千万工程"专家智库在广州启动，公布首批专家智库名单，鼓励专家学者深入调查研究，助力科学高效决策，加强一线指导，形成有益经验借鉴。

其三，加强宣传，凝聚共识。推动工程的贯彻实施不仅要建立科学合

---

[1] 《习近平关于调查研究论述摘编》，中央文献出版社、党建读物出版社2023年版，第8页。

理的考核评价体系激励工作热情、监督任务落实，也要借助舆论宣传营造良好的社会氛围，形成你追我赶、互促共进的良性循环，尤其要注重树立典型、发挥示范引领作用。2023年11月，发布省"百千万工程"首批典型县镇村名单，为各地的工作推进提供典型示范。除此之外，要借助媒体做好"百千万工程"的宣传工作，讲好"百千万工程"台前幕后的好故事，帮助群众认识到推动工程实施的重大意义和深远影响，为工程各项工作的开展提供媒体智慧和舆论支持，从而更好凝聚社会共识，合力共谋广东高质量发展。

（二）完善指挥体系，建强干部队伍

其一，建立建强三级指挥体系。如上所述，"百千万工程"是一个复杂的系统性工程，有赖于各级党委、政府以及不同部门的协同发力，离不开坚强有力的领导。换言之，要推动"百千万工程"落地落实，必须加强组织领导，建立指挥有力、上下贯通的指挥体系，在为各项工作提供科学指导的同时有效畅通不同部门的沟通协作，形成统一部署谋划、抓好层层落实。《决定》要求省成立"百县千镇万村高质量发展工程"指挥部，强化统筹协调、政策制定、督促落实等职责。目前，广东全省各市县已全部建立起各级指挥部，形成"省——市——县"三级指挥体系，其中县（市、区）党委书记担任"一线总指挥"，乡镇（街道）党委书记是"一线施工队长"，村（社区）党组织书记发挥"领头雁"作用，充分反映了各级党组织在推动工程实施上的领导带头作用。与此同时，各级指挥部下设办公室负责具体的日常工作，实现实体化运行，发挥参谋辅政、统筹协调、督促指导和服务保障的重要职能。此外，相关职能部门成立多个工作专班，涉及县域经济、城镇建设、乡村振兴、要素保障以及决策咨询等方面，聚焦核心任务，使得工程的推进更具有针对性。由此可见，指挥

部、办公室以及工作专班共同构成横向到边、纵向到底、协调高效的完整指挥体系，承担起统筹协调、政策制定以及考核评估等多项重要职责。当前，各级指挥系统根据省委省政府的工作部署与谋划，立足于当地发展实际，明确地区发展目标举措，制定出台实施意见以及一系列配套政策，建立优化工作机制，以"清单化""责任化"等方式推动各项工作任务落实到位，同时不断完善考核评价体系，扎实推进工程各项工作。在三级指挥体系中，县级指挥部深入工程实施一线，构成整个指挥体系的坚实基础。因此，省"百千万工程"指挥部办公室将推动县级指挥部办公室配强工作队伍视为重点工作，要求尽快落实实体化运作，既要做到专人专岗专责推进，又要全县"一盘棋"。这一要求不仅体现了县级指挥部在整个指挥体系中的基础性作用，更对县级指挥部提出了明确的工作要求，既要将各项工作落实到具体责任人，也要避免单打独斗各自为战，强调系统思维、整体推进，在协同合作中形成强大合力，真正实现区域的发展繁荣。

其二，锻造高素质干部队伍。"为政之要，惟在得人。""百千万工程"的落地推进需要一支政治过硬、本领高强的干部队伍，其中基层干部的培养显得尤为重要。锻造高素质干部队伍不仅需要畅通人才流动通道，选用发掘德才兼备、专业过硬的优秀人才，不断优化队伍结构，还要做好干部的培训教育工作，不断提升党员干部的专业素养和履职能力。首先，优化干部评价考核机制，充分发掘基层优秀人才。科学的考核评价体系有助于调动干部干事创业的积极性，充分释放创新活力，让人才优势充分涌流，从而更好赋能工程。云浮市出台的《加强干部培养选拔三年行动计划（2023—2025年）》通过日常考察、沟通研判、定期评估等机制识别和选用德才表现和工作实绩突出的党员干部，同时建立健全干部日常管理负面清单和干部配备监测预警制度，深入了解和把握干部担当作为、决策执行等方面情况，及时调整干部配备，为促进"百千万工程"提供有力的组织保证。其次，加强干部队伍培训，增强干事创业的本领能力。现代信息技术给人们的认知水平和思维方式带来了颠覆性的改变，也极大加速了知识结构的更新换代，对党员干部的知识水平和解决问题的能力提出了更高的要求，也带来了"本领不足、本领恐慌、本领落后"的现实问题。而解决这一问题的关键在学习，习近平总书记指出"从中央到地方建立党校体系，专门培训教育干部，是我们党的一大政治优势"。①落实"百千万工程"需要一支"懂经济、善发展、敢改革、爱基层"的县镇干部队伍，因而需要加强对干部队伍的培训工作，尤其重视为村镇干部"充电提能"。2023年5月，全省县区党政正职高质量发展能力培训暨"百县千镇万村高质量发展工程"专题培训班在广东省委党校开班，广东省委省政府主要领导出席并做主要报告，充分显示出广东省委对于提升干部履职能力、落实好"百千万工程"的高度重视与坚强决心。此外，全省各市县通过观摩学习、集中授课、专题研讨等多样化的途径方式对各级党员干部展开专门培训，一方面帮助各地各级理顺发展思路，提高业务知识水平，增强落实工程的能力本领；另一方面则是从思想认识的高度帮助党员干部深刻认识到"百千万工程"对于促进城乡区域协调发展的重要意义以及加快县域发展的难得机遇，从而更好统一思想、凝心聚力、共谋发展。最后，鼓励担当实干，淬炼培养年轻干部。青年一代是国家的希望、民族的未来，培养、选拔优秀年轻干部是党和国家事业发展的内在要求。党的二十大报告明确指出"抓好后继有人这个根本大计，健全培养选拔优秀年轻干部常态化工作机制，把到基层和艰苦地区锻炼成长作为年轻干部培养的重要途径"。②"百千万工程"聚焦县域、乡镇、农村等基层一线，将发展城乡经济、改善环境、保障民生、富民增收作为工作着力点，直面地

① 习近平：《在全国党校工作会议上的讲话》，《求是》2016年第9期。
② 《习近平著作选读》第1卷，人民出版社2023年版，第55页。

区最真实的发展问题和群众最关心的现实诉求，是锻炼、培养年轻干部的"试金石"和"磨刀石"。根据广东省委关于推动干部人才入县下乡的工作部署，全省多市县陆续选派优秀年轻干部深入基层一线，鼓励年轻干部发挥自身所长，在推动"百千万工程"取得实在成效的过程中成长成才。肇庆、韶关等市出台《关于推动干部人才入县下乡支持"百县千镇万村高质量发展工程"行动方案》《推动"百县千镇万村高质量发展工程"人才入县下乡十条措施》等文件，为锻炼培养年轻干部提供可靠的制度保障；梅州、江门、汕头等市积极选派熟悉产业发展、乡村农业等工作的年轻干部到区（县）、镇（街道）等基层单位挂职，更好对接基层存在的专业技术薄弱的问题。这些举措一方面有利于解决基层人才短缺的问题，为更好落实"百千万工程"提供智力支持，另一方面也有利于引导年轻干部深入基层深入群众，在实践过程中将抽象的理论知识转化为解决问题的实际能力，养成敢于担当、勇于斗争的意志品质。

（三）坚持党建引领，夯实基层堡垒

基层治理作为国家治理的基石，一直以来都受到党和国家的高度重视。习近平总书记指出"基层强则国家强，基层安则天下安，必须抓好基层治理现代化这项基础性工作"。[1]党的二十大将"加强基层组织建设""完善社会治理体系"作为重要任务予以强调。在基层治理问题上，习近平总书记高度重视党建引领。他明确提出"基层党组织是贯彻落实党中央决策部署的'最后一公里'"[2]，并运用肌体的"神经末梢"这一比喻形象生动地阐明了基层党组织对于坚持和加强党的全面领导、夯实基层

---

① 《习近平春节前夕赴贵州看望慰问各族干部群众》，《人民日报》2021年2月6日。

② 习近平：《贯彻落实新时代党的组织路线，不断把党建得更加坚强有力》，《求是》2020第15期。

社会治理的重要作用。疫情防控与脱贫攻坚的实践也充分证明基层党组织在引领基层治理、服务凝聚群众等方面作出了重要贡献。同样,"百千万工程"重点在基层,其实施落地需要充分发挥基层党组织的组织优势、组织力量和组织功能,推动基层党建和基层治理深度融合,使之成为推动广东城乡协调发展、农业农村现代化的坚强战斗堡垒。

其一,突出组织引领,落实民生关怀。基层党组织与人民群众的联系最为紧密,其战斗堡垒作用直接影响着地方发展。但是一些地方的基层党组织存在软弱涣散、缺乏凝聚力和执行力的问题,党建工作的引领作用也由此大打折扣,难以为政策的落实、群众问题的解决提供有力的保证。因此,要更好发挥基层党组织在"百千万工程"的作用,需要加强作风建设,强化责任担当,提升基层党组织的凝聚力和执行力,充分发挥党员干部的示范带动作用,切实把党的政治优势、组织优势转化为基层治理效能。一方面,积极开展常态化学习教育实践,通过集中学习、专题学习、自主学习等多样化的形式和途径提高党员干部的思想认识和党性修养,自觉增强为人民服务的意识,提高为人民服务的水平,充分明确"百千万工程"的重要意义,自觉融入和投身于工程的建设与实施之中,坚定高质量发展的决心;另一方面,要创新工作方法,运用信息化技术手段构建基层治理的新模式,提升党建引领基层治理成效的同时不断拓宽党组织"服务面",以网格化、清单化的方式切实解决群众急难愁盼的问题,充分彰显以人民为中心的发展理念,从而夯实群众基础。

其二,调度统筹资源,凝聚整合力量。基层党组织在推动"百千万工程"落实的过程中还能够成为链接不同领域、不同产业、不同地区资源的重要纽带,充分挖掘、整合优势资源,破解发展难题。新会陈皮是江门市的金字招牌和重要产业,但在发展过程中存在着产业发展不协调、资源利用不充分、抗风险能力差等问题,产业之间各自为战、单打独斗,缺乏有效的协同合作，致使产业规模与优势难以显著提升。为此，2021年9月，中共新会陈皮产业链党委挂牌成立，选定多个细分领域的龙头企业党组织作为"链主"，有效打通陈皮种植、加工、流通三大产业链条。同时，积极推动链上企业党组织与周边行政村党组织合作共建，将生产加工环节布局到农村，在各村党群服务中心打造招聘信息发布平台，实现用工需求和就业人员的有效对接，在缓解企业季节性用工难问题的同时也为农村富余劳动力提供了工作岗位，帮助农民实现创收。新会陈皮产业链党委提出"党组织建在产业链上、党员聚在产业链上、群众致富在产业链上"的目标，围绕"百千万工程"将小陈皮做成大产业，有效整合了多方力量，实现了资源价值的最大化。无独有偶，英德市茶叶行业协会党支部也注重统筹协调产业链上下游的资源，组织茶叶产区党组织与茶企党支部展开联通共建，以党建引领茶叶行业品牌规划、标准制定、媒体宣传，联合打造"英德红茶"这一金字招牌，不断扩大品牌影响力。

▼二 积极推进体制机制创新，助力工程落地见效

（一）加快构建"1+N+X"政策体系，精准支持城乡区域协调发展

"百千万工程"作为一个系统性工程，不仅需要自上而下绘好"施工图"，更有赖于财政、教育、科技等多重要素的配套支持。因此，《决定》强调要构建"百县千镇万村高质量发展工程"的"1+N+X"政策体系，其中"1"是指1个决定，"N"是指省有关单位要根据《决定》与部门职能制定相应配套支持政策，"X"则是要求各县（市、区）结合本地实际情况制定具体实施方案。基于这一要求，广东省有关省直单位围绕产

业、商贸、人才、科技、基础设施、生态保护、民生保障等领域先后出台了关于产业转移、城镇建设、数字政府等一系列配套政策，为"百千万工程"的推进和发展提供强有力的支持。"科学技术是第一生产力"，县域经济的壮大和城乡区域协调发展都离不开科技的支撑和保障。佛山市顺德区北滘镇在改革开放的40余年里，从不靠海不沿边、没有外资、没有国企的小镇发展成为拥有美的、碧桂园两家世界500强企业的现代化城镇，离不开科技创新所带来的强大动力。近年来北滘镇抓住时代发展机遇推动产业向数字化和智能制造转型发展，不仅迎来了美的集团数字科技产业园、创新科技园的破土动工和美的库卡智能制造科技园二期的正式投产，而且开拓了机器人产业作为北滘工业新赛道。北滘镇的案例充分说明高水平科技的自立自强是推动高质量发展的战略性支撑。也正因如此，广东省科技厅在2023年6月公布《广东省科技支撑"百县千镇万村高质量发展工程"促进城乡区域协调发展实施方案（试行）》，从推进关键技术攻关、推广成果落地转化、探索科技强镇发展路径等八个方面持续发力，充分彰显了科技赋能城乡融合发展、提升产业竞争力的巨大作用。在具体落实上，广东省科技厅构建起"三个三"农村科技特派员帮扶体系，积极推进"组团式"科技服务形式，探索组建多学科、多领域、多单位的农村科技特派团，充分整合和发挥区域科技特派员资源，形成科技帮扶关键合力。科技助力城乡融合发展不仅表现在为县域经济的壮大激发强劲活力，还体现在建立在数字技术基础上的"数字政府2.0"具有重要的牵引驱动作用，在优化营商环境、提升基层政府运行效能、推动城乡政务服务均等普惠等方面为企业发展、居民生活以及政府决策提供更多便利。党的十八大以来，我国加快推进数字政府建设，2022年6月国务院发布《关于加强数字政府建设的指导意见》，明确提出加强数字政府建设对于加快转变政府职能、创新政府治理理念和方式、引领驱动数字经济发展和数字社会建设等方面的重要意义。广东省政务服务数据管理局制定了《广东省"数字政府2.0"建设服务"百县千镇万村高质量发展工程"若干措施》，提出25条具体举措，促进数字政府基础能力均衡化发展，为广东城乡区域协调发展向更高质量和更高水平迈进奠定良好基础。除了科技领域，广东省相关单位还在自然资源、财政、税收等方面出台配套措施，为"百千万工程"的推进提供可靠的制度保障，例如广东省自然资源厅为强化用地用海用林等自然要素支撑，研究制定了《广东省自然资源厅关于加强自然资源要素保障，助力实施"百县千镇万村高质量发展工程"的通知》，广东省财政厅印发《关于实施"百县千镇万村高质量发展工程"促进城乡区域协调发展若干财政支持政策》，其中就包括2023年安排1412亿元支持"百千万工程"年度重点任务，较2022年增加约150亿元，增长11.9%，为工程的落实与推进提供了切实保障。在具体实施方案上，各县（市、区）根据《决定》精神与要求，立足当地生态、区位、空间优势先后制定并印发本地区的行动方案，有针对性地提出了本地区在推进"百千万工程"中明确的目标任务、实施主体、主要工作与组织保障，进一步细化"时间表""任务书"和"路线图"。

（二）加大改革力度，充分激发县域发展动力活力

《决定》指出"深化县镇扩权赋能改革，赋予县更多市级经济社会管理权限，赋予部分中心镇县级管理权限，确保放到位、接得住、管得好"。为更好落实这一要求，广东省于2023年9月发布《广东省人民政府关于调整一批省级行政职权事项的决定》，调整事项目录共60项，其中包括委托30项、下放20项、优化审批管理流程10项，涉及14个省直部门，涵盖了投资、用地、用林、交通、文化旅游、生态环保等领域。这也是广东首次从省级层面系统性地直接面向县（县级市）开展的批量放权改革。深

化县镇扩权赋能改革一方面能够将建设主体落实到县域，扩大县域发展的自主权和决策权，有效提升县域的行政效率，从而优化营商环境以促进投资便利化；另一方面也有利于营造改革创新、干事创业的积极氛围，激发县域敢想敢干、敢闯敢试的奋斗精神，例如《决定》事项前6项均涉及企业投资项目核准，包括非跨市高速公路新增的互通立交项目、县域范围内危险废物处理项目、县域范围内生活垃圾焚烧发电项目、区域性医疗垃圾处理项目、投资省内低于千吨级航电枢纽项目以及涉及开荒的农业项目，都委托或下放各县（市）投资主管部门实施，有效减少中间的审批环节，提高县域行政效率，吸引企业的投资经营。同时，做好扩权赋能强县不能"一放了之"，既要"放到位"更要确保县域"接得住""管得好"，推动解决县、镇、村"看得见管不着""能力不够管不过来"以及"能力不够管不起来"等问题。省有关部门负有培训指导和监督管理的职能，要理顺工作流程，确保层级衔接流畅，同时通过举办培训班、现场指导等形式加强对承接机关的业务培训，提升其承接能力，并结合日常检查与随机抽查对承接机关的职权实施工作进行监督和评估。汕头市住房和城乡建设局为贯彻落实"百千万工程"，推动扩权强镇，将住建领域的35项行政职权调整为镇（街道）实施。为提升镇街承接职权能力，通过专人对接、视频指导、调研培训、整理汇编等方式加强跟踪服务、落实培训指导，有效解决镇街在承接行政职权过程中的各种现实问题与困扰。这一做法为我们落实"接得住""管得好"的改革要求提供了经验借鉴。此外，广东还将借助"数字政府2.0"大服务优势，依托省政务服务事项管理系统下放更多基层高频服务事项，推动镇级服务事项下放到村，开展好村级减证便民工作，最大程度方便居民群众办事，并且优化"粤智助"的布局与应用，持续提升服务体验，真正实现"数据多跑路、群众少跑腿"。

（三）建立新型帮扶协作机制，凝聚城乡区域协调发展"粤"合力

开展省内对口帮扶协作是广东省促进城乡区域协调发展的重大举措。2013年以来，广东确立了珠三角地区6市对口帮扶粤东粤西粤北地区8市的帮扶关系，先后开展了三轮对口帮扶协作工作。十年来广东省对口帮扶协作工作取得了明显成效，为广东城乡区域协调发展注入了源源不断的动力。2023年，是广东省新一轮对口帮扶协作的开启之年。新一轮对口帮扶协作是落实"百县千镇万村高质量发展工程"的重要举措，将充分衔接"百县千镇万村高质量发展工程"各项任务部署，深化产业、就业、人才、科技、民生等领域帮扶协作，推动县镇村高质量发展。建立新型帮扶协作机制，深化拓展省内帮扶协作，要建立纵向支持、横向帮扶、内部协作相结合的机制。在强化省市县纵向帮扶方面，新一轮对口帮扶工作结合省直机关及有关单位对口支援重点老区苏区和驻镇帮镇扶村工作，推动省直机关事业单位、省属国企、高校、科研院所组团帮扶。自2021年6月以来，全省各级党委政府、各团组帮扶单位、各帮扶工作队，聚焦镇村高质量发展，健全完善工作机制，取得阶段性成效，驻镇帮镇扶村机制成为汇聚各方力量推进实施"百千万工程"的重要抓手和全面推进乡村振兴的重要平台。全省1190个帮扶工作队，共有7000多个组团单位，选派8000多名党政机关、企事业单位干部，4000多名科技特派员、金融助理、"三支一扶"等专业人才和2000多名高校毕业生志愿者驻镇驻村参与乡村振兴。在茂名信宜市丁堡镇，驻丁堡镇帮扶工作队建立了"镇村集体经济发展、集聚资源招商引资、结对帮扶增强内力、优质项目引进落地"四大平台工作机制。随着驻镇帮镇扶村工作的深入开展，丁堡镇的面貌焕然一新。针对丁堡镇产业基础薄弱、基础设施落后、资源禀赋匮乏的现状，组团帮扶单

位及工作队在深入调研的基础上，制定了"三步走"帮扶策略。即扶持一家企业、帮扶一个乡镇、搭建一个帮扶平台。工作队与镇村统一认识，促成丁堡镇12个行政村经济联合社联合成立两家集体企业——信宜市强堡盛农业发展有限公司、信宜市金堡盛农业发展有限公司，作为镇村集约资源、接受帮扶、壮大经济、产业发展、联农富农的载体和平台，有效实现镇村集体经济增收。驻镇帮镇扶村工作围绕镇村产业发展、完善基础设施、提高公共服务水平等方面进行帮扶，除了投入资金、派遣工作队外，还涉及教师、医护人员、科技专业人才等的选派，共同打造省市县帮扶的纵向协力。在市际横向帮扶方面，新一轮对口帮扶工作将推动珠三角地区与粤东粤西粤北地区全面建立县级结对帮扶关系，同时也对惠州、江门、肇庆的12个县（市）参照开展产业协作。新一轮对口帮扶协作将聚焦产业有序转移推动县域经济高质量发展作为首要重点任务，高标准建设一批产业承载平台载体，重点改善产业园内"转不多""接不够"的困境，提高规上工业企业在粤东粤西粤北地区的落户数量，加快推动落户企业在共建园区集群成链。对口帮扶协作要"输血"，更要"造血"，市域间的产业帮扶则是"造血"最重要的基石。深圳对口帮扶河源交出了一份沉甸甸的答卷，河源是深圳帮扶时间最长、支持力度最大、派出干部最多的地区。近年来众多"深圳+河源"共建项目落地见效，深圳对口帮扶河源使其拥有了第一所本科院校、第二家三甲医院，深河产业共建累计落地建设投资超亿元工业项目107个……广州对口帮扶清远建立的广清经济特别合作区基于已有的产业共建园区进行整合，包括广清产业园、广佛产业园、广德产业园和广清空港现代物流产业新城，探索建立广州主导开发运营、清远负责社会管理的共享共建模式，建立起广清产业合作新范式，为全省探索城乡融合和区域协调发展提供可复制可推广的"广清经验"。珠江两岸南粤沃土，市际对口帮扶协作开展以来，广东先后形成了广清一体化、深汕飞地合作、莞韶"2+10+N"共建园区、广梅和珠阳国企帮扶、佛云战略性新兴产业跨区域协同布局发展等多元化帮扶模式经验，为推进城乡区域协调发展提供了可参考的样本。在强化市域内帮扶协作，推动区、县（市）联动发展方面，广东健全省领导同志定点联系县、市领导同志挂钩联系中心镇和欠发达乡镇、县领导同志联系村机制，指导和督促各项工作落实。广州市充分发挥领导示范、表率作用，实行市领导挂点实施"千企兴千村"工程，由18位市领导挂点7个涉农区共18个行政村。同时，参照市的做法，7个涉农区也全部落实区领导挂村工作，实现市、区两级领导挂村全覆盖。

（四）广泛调动社会力量，提高县域营商环境水平

《决定》指出"提高县域营商环境水平，撬动民间投资，发展民营经济"。主要体现在引导工商资本下乡、培育农业新型经营主体、发挥群团组织的力量几方面。广东全面吹响"百千万工程"奋进号角，鼓励、引导、规范工商资本下乡，深入实施"千企帮千镇、万企兴万村"行动，积极探索政府引导下社会资本与村集体合作共赢的模式。其中，"前锋银田南药产业园""陆河县螺溪镇欧田村华侨城·螺溪谷项目""数智赋能乡村振兴 智慧中洲发展再提速""万企兴万村，帮扶我争先""'臭水沟'变身生态景观水廊"等10个案例获评"广东'千企帮千镇 万企兴万村'十大典型案例"。汕头市濠江区广澳街道东湖社区，有一条长约1.3公里的排洪沟，昔日杂物漂浮、污水横流，饱受诟病，2021年由在港乡贤企业全资捐赠，对"臭水沟"进行整治清拆，改造成生态景观水廊，不仅显著改善社区人居环境，也成为新的"网红"景点，为文商旅融合发展、壮大集体经济打下良好基础，为实施"千企帮千镇、万企兴万村"行动提供了"'臭水沟'变身生态景观水廊"生动案例。潮州市泓基混凝土有限公司

对高厝塘村的帮扶建设也是一个典型案例,潮州市泓基混凝土有限公司结对帮扶高厝塘村以后,结合实际、精准施策,助力乡村发展。如:捐资修路亮灯,提升村容村貌;就近解决就业,提高村民收入,积极捐钱赠物,帮扶困难群众,开展兴文助学等。如今,高厝塘村已焕然一新。乡村振兴方兴未艾,广东大力培育农业新型经营主体,充分发挥龙头企业、种养大户、家庭农场经营者带头作用,激发各类主体的积极性、主动性、创造性。江门市新会区新会泓达堂陈皮茶业有限公司上榜广东省农业农村厅公布的2022年广东省重点农业龙头企业名单,近年来,在双水镇政府的大力扶持下,泓达堂陈皮茶业有限公司已成为新会本土陈皮产业的知名品牌,有着涵盖生态种植、生产、研发、仓储、销售、陈皮文化推广为一体的全产业链体系,助力打造新会陈皮产业小镇,获得有机陈皮产品认证证书,参与新会陈皮庄园建设,成为双水镇大健康产业高速发展中的领头羊。此外,广东省发挥工会、共青团、妇联等群团组织的优势和力量,办好"广东扶贫济困日"等活动,营造有助于推动乡村振兴、"百千万工程"落地实施的人人关心支持、全社会共同参与的良好氛围,集各方力量,共同促进"百千万工程"落地生根。

▼三 建立分类考核评价体系,推动工程稳步落实

为政之要,首在得人;知事识人,重在考核。习近平总书记高度重视考核评价工作。在习近平总书记关于考核评价工作系列重要论述的指导下,为深入学习贯彻党的二十大精神,切实推动全省县镇村高质量发展,推动"百千万工程"落地生根,《决定》提出,要强化工程保障措施,强化考核评估,统筹乡村振兴、产业有序转移等考核机制,建立"百县千镇

万村高质量发展工程"考核评价体系，对市县党委、政府及省有关单位进行考核。舞好考核"指挥棒"，奏响发展"进行曲"，推动"百千万工程"稳步落实。

（一）聚焦工程重点任务，建立科学考核评价体系

无规矩，不成方圆，科学的考核评价体系是有效开展"百千万工程"考核评估的"刻度尺"。《决定》指出，要强化"百千万工程"考核评估，统筹好乡村振兴、产业有序转移等考核机制，聚焦工程重点任务，建立科学的"百千万工程"考核评价体系。

其一，聚焦重点任务，明确工程目标。"百千万工程"是广东省的优势塑造工程、结构调整工程、动力增强工程、价值实现工程，是推动高质量发展的头号工程，主要抓县域经济、县域城镇化、乡村振兴、城乡融合。广东省聚焦工程重点任务，明确提出了"百千万工程"的目标，可概括为"一三五十"：一年开局起步、三年初见成效、五年显著变化、十年根本改变。具体来说，可以分为以下几个阶段目标：到2025年，城乡融合发展体制机制基本建立，县域经济发展加快，新型城镇化、乡村振兴取得新成效，突出短板弱项基本补齐，城乡居民人均可支配收入差距进一步缩小。到2027年，城乡区域协调发展取得明显成效，县域综合实力明显增强，一批经济强县、经济强镇、和美乡村脱颖而出，城乡区域基础设施通达程度更加均衡，基本公共服务均等化水平显著提升，中国式现代化的广东实践在县域取得突破性进展。展望2035年，县域在全省经济社会发展中的地位和作用更加凸显，新型城镇化基本实现，乡村振兴取得决定性进展，城乡区域发展更加协调更加平衡，共同富裕取得更为明显的实质性进展，全省城乡基本实现社会主义现代化。

其二，因时因地制宜，建立科学考核评价体系。"百千万工程"实

施以来，省指挥部办公室正抓紧研究出台"百千万工程"考核办法，坚持分类考核、简明实用、兼容高效，坚持定性考核与定量考核、各地自评和省级抽查相结合，综合运用乡村振兴考核、产业转移考核、高质量发展综合绩效考评等考核结果，既考总量，也考增速。省指挥部办公室初步制定了《广东省实施"百县千镇万村高质量发展工程"考核评价办法（试行）》，总体来看，"百千万工程"考核评价将更注重实际成效，考核重点更突出前后变化、更突出老百姓的获得感，切实发挥考核"指挥棒"的作用，确保考出压力、考出动力、考出活力。因时因地制宜，各市在《决定》精神的指导下，根据当地城乡发展实际情况，相继制定了各市具体的考核评价办法，初步形成了由省到市的科学考核评价体系。2023年3月，湛江市坡头区对标省、市有关文件要求，起草《坡头区贯彻落实"百县千镇万村高质量发展工程"实施方案》和《坡头区深化实施"百县千镇万村高质量发展工程"综合评价体系》（下称《综合评价体系》）。坡头区科学设立四项"百千万工程"实施考核指数，从六个维度展开"百千万工程"综合考核。《综合评价体系》按照省、市的要求和工作清单，结合区情实况，重点设立"竞标争先、比学赶超""强镇富民""高质量发展""高新区规范建设"4项科学合理的考评指数，囊括基层党建、区域经济发展、乡镇联城带村、建设美丽宜居镇村和城乡一体化发展等39项考评指标，由坡头区"百千万工程"指挥部负责指导督办、评价考核。并结合湛江市委提出的"1+2+6"基层党建提质年行动方案、坡头区委提出的"两加一推"深化基层党建提质年行动实施方案，分别从大力提升组织引领力、发展推动力、社会管控力、党群服务力、满意评价、争先创优6个维度开展评价考核。在坡头区率先舞起了考评"指挥棒"，奏响发展"进行曲"。

其三，统筹多种要素，开展多领域考核。广东省"百千万工程"指挥部办公室将科技、金融、海洋渔业等多种要素纳入"百千万工程"考核评价体系之中，开展多领域考核，推动多领域共同保障"百千万工程"稳步实施。2023年6月，广东省科学技术厅印发《广东省科技支撑"百县千镇万村高质量发展工程"促进城乡区域协调发展实施方案（试行）》，指出要按照省委省政府有关要求，加强市县镇科技创新统计监测，做好"百千万工程"考核评价工作。科学设定考核指标，针对科技支撑"百千万工程"重点工作定期开展考核，及时研究新情况、解决新问题，根据实际优化调整政策举措。2023年9月，广东省农业农村厅印发《关于加快海洋渔业转型升级 促进现代化海洋牧场高质量发展的若干措施》，其中，针对现代化海洋牧场建设这项复杂工程的重点、难点发力，明确将其列入沿海各市实施"百千万工程"和乡村振兴实绩考核的重要内容。2023年11月，广东省人民政府办公厅印发《关于金融支持"百县千镇万村高质量发展工程"促进城乡区域协调发展的实施方案》，提出将市金融支持"百千万工程"落实情况纳入省"百千万工程"考核评价范围，并将考核结果作为给予地方优惠政策的重要参考。

（二）实施差异化考核监督，强化督导压实责任

习近平总书记在广东考察时强调，广东要围绕高质量发展这个首要任务和构建新发展格局这个战略任务，在全面深化改革、扩大高水平对外开放、提升科技自立自强能力、建设现代化产业体系、促进城乡区域协调发展等方面继续走在全国前列，在推进中国式现代化建设中走在前列。城乡区域发展不平衡是广东省实现高质量发展过程中的突出问题，《决定》指出实施县域发展差异化考核监督和激励约束。压实帮扶双方责任，突出帮扶协作实效，既考核帮扶方，也考核被帮扶方。

其一，锚定分类导向，突出特色差异。促进城乡区域协调发展、解

决发展不平衡不充分问题是重要战略部署，放眼广东，当前实现高质量发展的突出短板在县、薄弱环节在镇、最艰巨最繁重的任务在农村的难题日益凸显。对此，要推进"百千万工程"稳步实施，因地制宜，实施差异化考核监督势在必行。面对考核对象在经济体量、资源禀赋、地理位置等方面存在差异的问题，考核监督应如何做到公平对待？梅州市出台《梅州市镇（街）经济高质量发展考核办法（试行）》，将考核对象科学分类：充分考虑各镇（街）经济体量、资源禀赋、地理位置等现实差异，按照《广东省乡镇（街道）分类办法》，并结合实际将全市各镇（街）划分为一类镇、二类镇、三类镇，根据镇（街）不同分类将8项指标进行权重比例赋分和单独加分，以最终得分进行分类排名。考核指标的设立以既要考出各镇（街）的显绩又要考出潜绩，既要考出共性又要考出个性为目标。比如一类镇是城区镇，农林牧渔业相对较弱，则减少对这一类镇"农林牧渔业总产值"考核权重，同时提高"限额以上批发零售业销售额和住宿餐饮业营业额"考核权重，以适应被考核地的特征。江门市江海区礼乐街道坚持分类导向，实行错位考核。礼乐街道各村的发展条件、发展模式不一，村集体收入从100万元到2000多万元不等，在以往的考核方案中，往往采取"一刀切"的形式，例如针对乡村振兴考核的导向是经济发展，加分项多偏重村级留用地开发、村集体收入、农业农村现代化等方面，对农业发展、耕地保护等方面的关注度不够，因此纯农业村想在考核中获取优秀成绩十分困难。新的考核方案则综合考虑村经济发展状况、资源禀赋、产业结构等因素，将下辖24个行政村划分为两大类别，其中产业基础好、工业发展条件好的村划分为集聚提升类，以农业发展为主、经济基础相对薄弱的村划分为城郊融合类，另将4个社区划分为社区治理类。构筑"靶向考核"多维赛道，针对不同类别的村（社区）差异化设置考核指标，通过分领域分重点考核，充分体现考核的针对性、差异性和导向性，更加科学合理。

其二，强化考核监督，压实工程责任。抓好头号工程，必须加强领导，狠抓落实。强化考核监督，压实"百千万工程"实施责任，各级指挥部及其办公室要发挥牵头抓总作用，各级有关单位要各司其职、紧密协作，进一步形成五级书记抓、上下协同干的生动局面。加强考核督导和舆论宣传，采取多种方式推动各级干部理解和落实"百千万工程"，引导各地在创先争优中实施好"百千万工程"，在高质量发展赛道上奋勇争先。目前，全省市县两级已全部建立"百千万工程"指挥体系，除"百千万工程"指挥部办公室之外，在相关部门还成立了县域经济专班、城镇建设专班、乡村振兴专班、要素保障专班、决策咨询专班5个工作专班，各指挥部办公室以及工作专班统筹协作，进行实地调研考察，强化考核监督，压实责任制，推动"百千万工程"稳步实施。如清远市人大常委会制定《市人大常委会领导大抓"百千万工程"落实挂点县、镇责任制工作行动方案》，加强对市人大常委会班子成员挂点县镇工作的领导，成立统筹协调工作领导小组，负责统筹协调常委会班子成员有关工作落实情况的收集、工作提醒、检查督促。同时，要求各协办单位协助常委会班子成员制定年度工作计划和工作方案，列出年度工作清单、项目清单，扎实推进挂点工作，确保挂点工作取得实实在在的成效。

（三）强化考核结果运用，立起工程发展方向标

《决定》指出，加强县域经济和产业发展统计监测，健全常态化督促检查和定期评估机制，及时研究新情况、解决新问题，根据实际优化调整政策举措。积极有效防范化解工程实施中的各类风险，守住安全发展底线。强化考核结果运用，考出压力、考出动力、考出活力。用好考核"指挥棒"，立起"百千万工程"发展"方向标"。

其一，评优评先，发挥典型案例示范作用。2023年是推进"头号工

程"的开局之年,是夯基垒台、立柱架梁的关键时期。11月6日,广东省推进"百县千镇万村高质量发展工程"促进城乡区域协调发展现场会在茂名市召开。会上宣读了省"百县千镇万村高质量发展工程"首批典型县镇村名单,共有22个县(市、区)、110个镇、1062个村(社区)入选。其中,22个典型县按照创先、进位、消薄三类划分,其中有9个创先类、10个进位类、3个消薄类。首批典型县镇村具有标杆性、示范性,将激励带动全省122个县(市、区)、1609个乡镇(街道)、2.65万个行政村(社区)向先进典型学习,在不同赛道争先进位,调动自身活力把短板变为潜力板,推进"百千万工程"实施取得新突破。

其二,考核绩效,建立有效激励约束机制。用好绩效考核"指挥棒",考出压力,考出动力。广东省人民政府办公厅印发《关于金融支持"百县千镇万村高质量发展工程"促进城乡区域协调发展的实施方案》,指出将金融支持"百千万工程"落实情况纳入省"百千万工程"考核评价范围,重点考核项目审批进度、财政资金到位、配套措施落实等内容,建立有效的激励约束机制。对工作推进得力、成效明显的地区,给予一定额度的资金奖励,并将考核评价结果作为给予地方优惠政策的重要参考;对考核结果靠后、存在突出问题的地区,采取约谈、挂牌整治等措施。江门市江海区礼乐街道实行考核结果与绩效奖金、干部选拔任用、评先树优三挂钩机制,奖罚分明,让干得多的有甜头、干得好的有奔头,形成崇尚实干、主动担当、加油鼓劲的正向激励体系。如设置"争先创优奖",对考核成绩优异、排名靠前的村(社区)给予一定额度的经济奖励,并颁发荣誉证书,对没有完成考核目标任务的,追究责任并扣发绩效奖金等。

其三,总结评估,立起工程发展方向标。"百千万工程"是广东的优势塑造工程、结构调整工程、动力增强工程、价值实现工程,是推动高质量发展的头号工程,是广东省委"1310"具体部署的"十大新突破"之一。千里之行始于足下，2023年是"百千万工程"的开局之年，在"百千万工程"开展一年之际，广东省及各市对一年来"百千万工程"的落实情况展开总结评估，为"百千万工程"的发展立起方向标。2023年11月6日全省推进"百县千镇万村高质量发展工程"促进城乡区域协调发展现场会在茂名市召开。会议坚持以习近平新时代中国特色社会主义思想为指导，深入学习贯彻党的二十大精神，认真贯彻落实习近平总书记视察广东重要讲话、重要指示精神，学习借鉴浙江"千万工程"经验，梳理盘点实施"百县千镇万村高质量发展工程"的进展成效，总结交流经验做法，对下一步工作进行研究部署。会议充分肯定了全省各地区各部门迅速行动，推动"百千万工程"实现良好开局，并强调，要乘势而上、苦干实干，推动"百千万工程"不断走深走实，奋力开创城乡区域协调发展新局面。此后，肇庆、佛山、惠州、广州、潮州等市相继召开推进"百县千镇万村高质量发展工程"促进城乡区域协调发展现场会，总结交流经验做法，部署下一步工作。

后　记

　　党的二十大把高质量发展作为全面建设社会主义现代化国家的首要任务，对推进城乡融合和区域协调发展作出战略部署。2018年习近平总书记在广东考察时指出，城乡区域发展不平衡是广东高质量发展的最大短板，要努力把短板变成"潜力板"。2023年习近平总书记再次亲临广东考察时，强调了广东在中国式现代化建设的大局中地位，提出了在城乡区域协调发展等方面要继续走在全国前列的期许。为深入贯彻党的二十大精神和习近平总书记视察广东重要讲话、重要指示精神，推动全省县镇村高质量发展，在新起点上更好解决城乡区域发展不平衡不充分问题，广东推动实施"百县千镇万村高质量发展工程"，以"头号工程"的力度促进城乡协调发展。

　　为总结提炼广东在推进城乡区域协调发展中的创新性举措与显著成效，以及今后实施"百千万工程"仍要关注的关键问题和薄弱环节，为推进广东中国式现代化建设中继续走在前列、创造新的辉煌注入强大动力，中山大学中共党史党建研究院组织师生编写了这本书。

　　本书是集体智慧的结晶，由中山大学马克思主义学院龙柏林教授担任主编，书稿编写具体分工如下：第一章（肖芸）；第二章（韩喆、樊湘怡）；第三章（朱云）；第四章（王咏怡）；第五章（冼凯欣、刘澳琴）；第六章（程璆）；第七章（易湘婷、马佳沄）。

　　本书在撰写过程中查阅了相关省委文件材料，参考吸收了《人民日报》《南方日报》等新闻媒体的报道资料，在编写出版过程中，得到了广东人民出版社、中山大学中共党史党建研究院等有关单位的大力支持与帮助，在此一并表示衷心的感谢！

近年来，广东省实施乡村振兴战略，推动城乡区域协调发展取得重要成果，有许多值得总结提炼的经验做法。由于时间仓促，水平所限，本书难免有疏失与不当之处，敬请各位读者批评指正。

编　者

2024年6月26日